Le temps des leaders pop !

La collection *Monde en cours*
est dirigée par Jean Viard

Ouvrage édité par Jérémie Peltier

Dans la même série :

Eva Bester, *Une époque mélancolique*
Pierre Brémond, *Brèves de sport*
Jonathan Curiel, *La société hystérisée*
Adrien Dubrasquet, *Le véganisme, une idéologie du XXIe siècle*
Nicolas Goarant, *Le sommeil malmené*
Thierry Keller, Arnaud Zegierman, *Entre déclin et grandeur*
Smaïn Laacher, *Ça me pèse*
Raphaël LLorca, *La marque Macron*
David Medioni, *Être en train*
David Medioni, *Éloge de la séduction*
Alexandra Profizi, *Le temps de l'ironie*
Thibaut Sallenave, *Changements d'adresse*
Laurent-David Samama, *Éloge de la défaite*
Laurent-David Samama, *Footporn*

www.editionsdelaube.com

ISBN 978-2-8159-5186-9

Marion Darrieutort

Le temps des leaders pop !

Changer les chefs pour changer le monde

éditions de l'aube

À mes enfants, futurs leaders pop

Introduction

Ce livre est l'histoire d'une renaissance. La mienne. Celle d'une entrepreneuse qui avait coché toutes les cases de ce qu'il fallait faire pour coller à l'image de ce que l'entrepreneur doit être. Celle d'une entrepreneuse qui affirme ses convictions, qui entre dans les canons de l'establishment des entrepreneurs. Parmi ces canons, une forme de masculin dans l'approche des relations humaines. Être carnassier, toujours. Participer au concours de muscles. Afficher ses prises de chasse.

Dans l'apparat de l'entrepreneur, les attributs de la réussite : voiture pour les hommes, tailleur de marque et sac Chanel pour les femmes. Une forme de sérieux, aussi. De classicisme façon « on a toujours fait comme ça ». D'ennui, peut-être. D'entre-soi, surtout. Des codes que j'ai épousés. Dont j'ai su m'accommoder et même tirer profit. Au détriment, forcément, d'une approche plus enjouée de l'existence, d'une envie de jouer avec les codes, de casser les plafonds de verre, de flirter avec les limites. Une attitude qui fut la mienne durant longtemps, qui a fait, en partie, mes succès et qui, pourtant, s'est petit à petit estompée au profit de l'image attendue de l'entrepreneuse.

J'étais une leader. Je ne le suis plus. Je venais de vendre l'entreprise de conseil en communication que j'avais montée sur les fonts baptismaux à Edelman, numéro trois mondial. Il voulait tellement nous acquérir que je m'étais même payé le luxe d'apposer le nom d'Elan à celui d'Edelman. C'était unique au monde. Notre façon de faire de la communication, à Paris et en France, serait un laboratoire pour tout le réseau d'agences. Clairement, j'étais une leader en puissance. Et pourtant, j'avais presque tout faux. Au lieu de gagner, je performais. Au lieu de créer, j'optimisais des tableurs Excel et des P&L. Et je me suis perdue.

C'est au moment où je suis partie en Inde dans un ashram que je l'ai compris. J'étais partie car je n'y arrivais plus. Sensation de vacuité, sensation de ne plus avoir ni prise sur ce que je conseillais à mes clients, ni dans ce que je voulais transmettre à mes équipes, qui, pourtant, jusqu'ici m'avaient suivie.

Sensation d'amertume, aussi. J'étais une leader. J'avais suivi tous les conseils en management appris à l'école, je m'étais forgé une carapace, j'avançais, point barre. Et pourtant, un grain de sable, que dis-je, une plage entière s'était glissée dans la mécanique… Clairement, j'avais une part de responsabilité. Clairement, j'avais perdu le fil du chemin que je pensais jusqu'alors être le bon. J'ai décidé d'évoluer.

Cela ne s'est pas fait en un claquement de doigts. Ce cheminement est à la fois personnel, évidemment, mais il est aussi et surtout le fruit de rencontres cruciales et indispensables, positives ou, au contraire, tendant un miroir négatif. Comme si, au fond, l'impulsion personnelle que j'avais décidé de donner à mes acquis pour les chambouler avait été décuplée par les apports des uns et des autres. Repensant à ce chemin, la première rencontre déterminante qui me paraît importante pourra, peut-être, faire sourire. Elle a eu lieu dans l'ashram de Rishikesh, alors que je terminais un trek dans les montagnes et arrivais dans l'ashram. La cérémonie des lumières était en cours et c'est à ce moment-là que j'ai rencontré celui qui officiait à la direction de ce lieu. Il n'avait rien de vertical. Il accompagnait les uns et les autres. Simplement. Plus globalement, il nous invitait à nous aligner avec nous-mêmes. Cela peut paraître ahurissant de lire ces mots de la part d'une dirigeante. Et pourtant, c'est l'une des convictions acquises durant cette pérégrination qui m'a conduite à ne plus me ressentir comme une leader. À modifier mes propres pratiques, pour modifier aussi les organisations.

Aussi, en revenant de mon exil indien de plusieurs semaines, j'ai chamboulé l'organisation de l'entreprise, j'ai invité mes collaborateurs à suivre du coaching, à s'éveiller aux valeurs féminines et masculines, surtout, j'ai mis en place l'entreprise libérée.

Dans mon esprit, elle était, à ce moment-là, la réponse à toutes les difficultés que je rencontrais. Elle allait me permettre, et nous permettre collectivement à l'équipe Elan-Edelman, de surmonter les turbulences et de repartir de l'avant. Ainsi, j'ai appliqué une à une les thèses d'Isaac Getz et Brian M. Carney dans leur célèbre ouvrage *Liberté & Cie*[1]. La hiérarchie pyramidale est devenue plate avec des salariés qui s'auto-dirigeaient, avec un projet d'entreprise que j'avais élaboré et que je partageais à l'envi avec les collaborateurs pour qu'ils en deviennent les ambassadeurs, et aussi avec la mise en place, comme dans toute entreprise libérée qui se respecte, d'une nouvelle forme de libération de la parole dans des « pop-meetings », ou que sais-je encore. Sur le papier, vraiment, c'était séduisant. Cela devait dynamiser toujours plus encore Elan-Edelman et refaire jaillir de la créativité dans une entreprise où chacune et chacun passait une grande partie de son temps à tenter de savoir comment optimiser telle ou telle mission, comment faire en sorte que tel consultant soit un peu plus rentable et à chercher comment atteindre une rentabilité à deux chiffres.

---

1. Isaac Getz et Brian M. Carney, *Liberté & Cie*, Paris, Flammarion, 2016.

Au départ, les choses furent plutôt bien accueillies. Un patron qui lâche prise, responsabilise tout le monde et rend le fonctionnement plus transparent et plus fluide, du moins sur le papier, cela plaît et cela engage.

Cependant, il faut bien en convenir, cela ne fut que de courte durée. Pour moi, les choses n'avaient pas vraiment évolué, puisque l'essentiel de mon travail consistait à faire des reportings et à donner des feedbacks, sans pour autant garder à l'esprit ni la vision globale, ni même la transmission de celle-ci de façon concrète et réelle aux équipes.

Pour les collaborateurs, la traversée de ces moments ne fut pas non plus un long fleuve tranquille. Libérer l'entreprise conduit inévitablement à la création de nouvelles exigences, de nouvelles attentes, de nouvelles peurs aussi. De part et d'autre. Entre les collaborateurs et le ou les dirigeants. Si cela n'est pas clairement établi, si le projet n'est pas clairement partagé et si le leader, au fond, reste dans une verticalité de la puissance, alors il est fort probable que les résultats escomptés ne soient pas atteints.

Durant cette période de l'entreprise libérée, je garde l'impression du tâtonnement, de la certitude qu'il fallait absolument évoluer, mais que cette méthode n'était peut-être pas la bonne. Je garde aussi le souvenir d'une rencontre avec une coach qui, alors qu'elle semblait positive au départ, s'est révélée nocive.

Je suis persuadée que tous les dirigeants ont besoin d'être accompagnés par des personnes extérieures à l'entreprise pour pouvoir avancer, faire leur mue et aussi vider le sac trop plein de responsabilités. Reste que quand le coach devient une part non négligeable de l'entreprise, cela déraille. Rentrant d'Inde et mettant en place l'entreprise libérée, j'ai été accompagnée par une coach qui m'a éveillée aux valeurs du masculin et du féminin et qui, au départ, a beaucoup compté dans mon cheminement. Problème : elle m'a envahie. Je passais plus de temps à savoir ce qu'elle ferait pour l'entreprise et pour prendre mes décisions qu'en réflexion avec mes équipes. Clairement, certains se demandaient qui était vraiment le dirigeant de la boîte. Ils avaient raison. Une nouvelle fois, il me fallait admettre que toute leadeuse libérée que j'étais et ce malgré les performances conséquentes et colossales de l'entreprise Elan-Edelman, j'étais en train d'échouer la transition. Elle échouait, car elle ne donnait pas les résultats escomptés en termes d'esprit d'équipe ou de volonté commune d'entreprendre. Elle échouait, car elle manquait peut-être d'authenticité. Elle échouait, parce qu'elle n'était pas suffisamment comprise, partagée et même incarnée. Elle échouait, car elle n'était en fait qu'un outil pour soulager le leader, en l'occurrence moi, et non pour réellement améliorer l'entreprise. Il m'a fallu l'accepter. Accepter cette faille, comme un atout pour mieux construire l'avenir. « *There's a crack in everything, that's how the light get's in* », chantait Leonard Cohen… Comment lui donner tort ?

Alors que je ressentais tout cela, je m'interrogeais : pourquoi cette impression de vide, de non-sens, de perte ? Pourquoi ce turnover des collaborateurs, alors que nous avions cherché à penser leur place dans l'entreprise et leur bien-être ? Tout cela alors même que les chiffres, les reportings, les P&L, eux, affichaient de la performance ? Clairement, si le monde des pyramides hiérarchiques n'était plus opérant, celui des aplats libérés ne l'était pas beaucoup plus.

Ainsi, peut-être fallait-il poser le problème différemment. Et si dans un environnement global devenu moins stable, moins linéaire, moins binaire, plus complexe et plus mouvant, il fallait, certes, réfléchir aux organisations, mais aussi et surtout au positionnement du leader. Sans que les deux réflexions ne soient pensées en parallèle d'ailleurs, mais bel et bien de façon conjointe, concomitante et même entremêlée.

C'est alors que toutes ces interrogations et remises en question m'assaillaient et que je cherchais encore le bon équilibre pour transformer à la fois mon leadership et l'entreprise Elan-Edelman que je fis la rencontre d'un client qui a beaucoup compté pour moi. Il venait d'accepter un poste de directeur général d'une grande entreprise de services et les chemins de la vie vont faire qu'il va m'appartenir d'accompagner en communication son nouveau rôle de directeur général. En communication, pour se faire connaître et pour se faire reconnaître, il y a des passages obligés. Le portrait du magazine *Challenges* en est un. Cette rubrique statutaire permet au patron qui y est présenté de dévoiler sa personnalité, mais aussi, évidemment, de mettre en avant sa méthode de management et ses ambitions pour l'entreprise. Lors des rendez-vous préparatoires à cet article statutaire, le propos que je tiens à ce client est, en substance, le suivant : « Il faut travailler à ton leadership, parce que tu as l'image du *nice guy*, et donc, il faut que nous te donnions plus d'attributs du leadership traditionnel. » Il me répond catégoriquement : « Je n'en serais pas capable, parce que ce n'est pas moi et si tu publies un portrait de moi sous cet angle, ce sera faux. » Cette réaction m'a beaucoup interrogée. J'étais moi-même en train de faire ma mue en remettant en question les règles du leadership traditionnel, mais je conseillais à un client d'y aller à fond sur ces mêmes règles. En me livrant sa réponse, cet homme a, de fait, un temps d'avance sur ma propre réflexion. Nous étions face à un patron qui ne voulait pas rentrer totalement dans les codes du leadership, tels qu'ils sont communément admis. Il me signifiait clairement qu'il « voulait être lui-même ». Avec les équipes, nous avons hésité à l'écouter. La rubrique du portrait dans *Challenges* constitue un élément de la création de la puissance traditionnelle. Ce client réussissait bien ses débuts, mais évoluait dans une entreprise familiale avec un *profit warning* où l'exigence était forte. Nous avons discuté, beaucoup. Et j'ai finalement écouté son instinct à lui. Le portrait était titré « Zen ». À des kilomètres de tous les attributs du leadership et de la puissance.

En repensant à ce moment-là, et alors que j'entamais une réflexion plus globale sur ce que veut dire être leader, l'image qui m'est venue est celle d'un homme qui, faisant fi des attendus, assumait sa différence et son atypisme. Quand il m'a dit cela, c'est comme s'il avait débouché une bouteille de champagne et que le son « pop » si familier était sorti. Au-delà de l'anecdote, cela renvoie à quelque chose de plus large. À cette façon de questionner le monde que les artistes de pop art avaient en tête : prendre les symboles de la société de consommation (soupe Campbells, etc.) et les détourner pour en faire de l'art et exprimer ainsi un pas de côté, une distance, une autre façon de voir. Ce leader faisait de même : il prenait le portrait de *Challenges* et le détournait.

De réflexion en réflexion, une conviction était en train de naître : et si le leader de demain, constamment interpellé par la société et ses transformations, ne devait pas, plutôt que de coller à des codes, faire partager de nouveaux codes et surtout être capables de faire des pas de côté ? Ainsi, l'idée d'un leader qui, tel un artiste de pop art, réinventerait et redessinerait en permanence les apparats du leadership pour être en prise avec le monde s'est peu à peu imposée à moi. Le pop leader se remet donc au centre de la société. Au centre de son entreprise, au centre des préoccupations du monde. Pour s'en inspirer. Pour le transformer aussi. Pour embarquer avec lui.

Au-delà de cet épisode et de cette rencontre importante dans mon propre cheminement, il y a, évidemment, toute une kyrielle d'événements qui ont aussi alimenté mon parcours et ma réflexion sur ce qu'être leader voulait dire. En écho, cela me renvoie au début de ma carrière. Voyant mes cheveux très bouclés détachés, alors que je travaillais alors chez TBWA Corporate, l'un des dirigeants de l'agence me disait toujours, avec un petit air méprisant, la chose suivante : « Tu ne vas quand même pas aller avec cette coiffure. » Au fond, le message était le suivant : ne sois pas toi-même, conforme-toi aux codes. Ici, cela touchait à mon identité de femme, mais, au fond, derrière l'injonction qui m'était alors faite, il y avait cette idée du leader qui doit correspondre, forcément, à l'image que l'on attend de lui. Une femme ne devait ainsi jamais avoir les cheveux détachés ou non lissés et brushés. Il est intéressant de savoir que je ne fus pas la seule à subir ce genre d'injonction. La rabbine Delphine Horvilleur, dans un autre univers et dans d'autres contextes, raconte la même histoire au sujet de la façon dont elle fut apostrophée continuellement à propos de sa chevelure. Le jour où j'ai fondé Elan, je me suis lâché les cheveux. J'étais devenue moi-même. On pourrait se moquer de cela. Le fait de se lâcher les cheveux ne constituant évidemment pas l'alpha et l'oméga de la connaissance de soi, mais il est un symbole d'un alignement nécessaire avec ce que l'on est réellement. Ceci dit, pour être un leader, ou plutôt devrais-je dire, pour être un leader pop, il faut se connaître soi-même.

Autre époque, celle d'Elan-Edelman, où alors qu'il s'agissait d'organiser, à Paris, la grande réunion annuelle de tous les bureaux mondiaux, j'ai imaginé quelque chose de différent, d'inédit et d'inattendu. Alors que nous étions devenus un bureau laboratoire d'un savoir-faire typiquement français où la rigueur et l'excellence se conjuguaient avec la capacité de fantaisie, nous avons décidé d'incarner cela, en plus d'organiser tout un tas de conférences d'inspiration sur nos métiers, en faisant venir lors de la soirée des danseuses de french cancan. Pour surprendre. Pour incarner la spécificité française. Cet « écart de conduite » fut accueilli fraîchement par les grands chefs à plumes américains et britanniques. Comme si, en détournant un peu les us et coutumes de ces réunions, j'avais franchi une ligne jaune. Je me souviens également de cette *demolition party* que nous avions imaginée avec Alexandre Allard et tous ses partenaires, le nouveau propriétaire du Royal Monceau, nous avions invité les journalistes et les people à venir détruire l'ancien lieu, avant les travaux pour le nouveau. Comme un symbole de la fin d'une époque. Des anecdotes similaires, une kyrielle, me viennent à l'esprit, actant le fait que, petit à petit, alors qu'une forme de fantaisie dans la rigueur, qu'un esprit pop m'animait, il s'est progressivement effacé, gommé, voire honteusement caché, alors qu'il était non seulement un élément constitutif de la personne que j'étais, et donc *a fortiori* du leader que je voulais être ou devenir.

Accoler « pop » au mot de « leader » ne constitue pas un artifice. Devenir un leader pop, c'est-à-dire populaire, ouvert et politique, c'est opérer un changement de culture, un changement de paradigme.

Changement de paradigme et de culture. Changement, car le monde se transforme et nous y oblige. Avènement de la loi PACTE, RSE des entreprises toujours plus scrutée, mise en mouvement d'une nouvelle approche sociétale des collaborateurs-citoyens… Plus les jours passent, plus l'actualité nous rappelle à quel point les entreprises et *a fortiori* celles et ceux qui les dirigent sont au point central des transformations de la société.

D'ailleurs, nos compatriotes ne s'y trompent pas. Régulièrement interrogés sur l'indice de confiance qu'ils accordent aux différentes institutions : politiques, médias, société civile ou entreprises, les Français répondent invariablement et de façon croissante, depuis plusieurs années maintenant, que ni les politiques, ni les journalistes, et dans une moindre mesure ni les organisations non gouvernementales ne sont à même d'inspirer une confiance durable pour faire face aux défis du monde.

Reste un seul bastion. Celui de l'entreprise et même, peut-être, le patron. Selon le dernier *Trust Barometer* d'Edelman 2021, 70 % des Français déclarent avoir confiance en leur employeur (+3 points) et 44 % déclarent que leur employeur a su créer un environnement propice pour retourner au travail en sécurité : l'employeur est devenu une figure stable face à l'incertitude générée par la crise sanitaire, mais plus largement par les soubresauts du monde qui nous entoure et dans lequel nous vivons.

Voilà donc une tâche importante qui incombe aux leaders d'entreprise : en plus de devoir réfléchir à la stratégie, au plan à cinq ans, au P&L qui doit être performant, au bien-être en entreprise, à l'empreinte carbone de son activité, au télétravail, au « flex office » et autres joyeusetés, le leader, le chef, le patron est là pour donner, pour incarner et pour transmettre la confiance à ses collaborateurs et *a fortiori* aux Français.

Pour cela, forcément, il/elle se doit d'être puissant(e), fort(e), insubmersible, secret(e), inspirant(e), etc. En clair, il doit être un leader, un vrai. De ceux qui ne flanchent pas. Il doit inspirer de la confiance. La posture peut s'entendre. Elle peut même, peut-être, encore se défendre. Mais n'est-ce pas faire fausse route ou du moins se tromper sur l'évolution globale de notre monde que de se penser toujours comme un leader du XXe siècle, leader insubmersible et infaillible, seul détenteur de la vérité et du pouvoir ?

Et si, finalement, il ne fallait plus être un leader, mais un meneur ? Ne pas inspirer seulement de la confiance, mais enclencher une envie et un mouvement.

> « Si tu veux construire un bateau, ne rassemble pas tes hommes et femmes pour leur donner des ordres, pour expliquer chaque détail, pour leur dire où trouver chaque chose. Si tu veux construire un bateau, fais naître dans le cœur de tes hommes et femmes le désir de la mer[1] »,

nous conseillait Antoine de Saint-Exupéry. Et si nous reprenions ce conseil ? Et si tout ce que nous avions appris n'était plus opérant dans le

---

1. Antoine de Saint-Exupéry, *Le Petit Prince*, Paris, Gallimard, 1948.

monde d'aujourd'hui ? « *You must unlearn what you've learn* », lance Yoda à Skywalker lorsque celui-ci vient le trouver pour apprendre à se servir de la force.

Être un leader pop, à la différence d'être un leader à l'ancienne, c'est cultiver une forme d'humilité, c'est préférer l'intuition à la démonstration et au chiffrage de tout. Être un leader pop, c'est aussi être rapide, dans ce sens que la rapidité permet de transformer l'intuition en projet d'entreprise et de cultiver ce qui sied à tous les meneurs : l'envie de gagner. L'envie de gagner, non pas au sens de performance, mais plutôt de créer toujours, de se surpasser en permanence. Être un leader pop, c'est aussi, et enfin peut-être, accepter une forme de spiritualité. Pour mieux se connaître et mieux accueillir les autres. Le leader pop, tel un meneur, embarque avec lui. Non pas grâce à l'autorité verticale, mais grâce à une attitude, une appétence pour la créativité, à une approche de l'utilité des activités, à une approche des autres, et aussi grâce à un projet qui dépasse le simple fait de faire tourner l'entreprise.

Au rugby, au foot et même au handball, le demi d'ouverture, le numéro 10 ou le demi-centre sont des meneurs de jeu. C'est-à-dire qu'ils sont dépositaires de la stratégie globale de jeu et doivent l'insuffler et la distribuer, mais ils ne peuvent pas le faire seuls. Ils ont aussi besoin de s'appuyer sur les autres et surtout d'accepter qu'ils ne sont pas Shiva… Ce que pensent encore pourtant beaucoup de leaders… Et si on changeait ? Et si nous profitions de la transformation en profondeur des entreprises induites et rendue cruciale par l'avènement de l'idée de raison d'être, d'entreprise à mission et des préoccupations environnementales pour modifier notre façon de mener les choses en tant que dirigeant.

Pour le dire autrement, le monde ne nous attend pas. La transformation est là et s'impose à nous. Pour ne pas la subir, pour l'accompagner et pour en faire même un atout, j'ai opéré encore une nouvelle remise en question, une nouvelle réflexion, une nouvelle envie aussi. Cette remise en question, pour ensuite arriver à l'élaboration d'un nouveau projet entrepreneurial, avec la conviction profonde dans une nouvelle posture que doit adopter le dirigeant, qui devient de fait un meneur, au sens de meneur de jeu, s'est faite lentement. En accompagnant des clients, dirigeants eux aussi, tâtonnant également. Inventant de nouvelles formes de leadership, essayant, raturant et nourrissant une réflexion globale aussi de différents patrons, un peu partout dans le monde et en France. Évidemment, là aussi, il peut y avoir des ratés. Des incompréhensions. Des dérives. Quoi qu'il en soit, ces échanges, ces essais itératifs, cette envie d'aller vers le mieux et cette volonté d'inventer un modèle de dirigeant, mais aussi de gouvernance, certes adapté à chaque situation, mais où les invariants d'une nouvelle éthique pourraient guider tous et toutes.

Dans son livre célèbre et d'une grande pertinence *La Vie liquide*[1], le sociologue et philosophe Zygmunt Bauman avait déjà mis des mots sur les caractéristiques des sociétés contemporaines. Bauman emploie cette expression de « société liquide » dans un sens précis. Une société est dite moderne-liquide si les situations dans lesquelles les hommes se trouvent et agissent se modifient avant même que leurs façons d'agir ne réussissent à se consolider en procédures et habitudes. Elle est apparue lorsque, à l'ère solide des producteurs, s'est substituée l'ère liquide des consommateurs, qui a fluidifié la vie elle-même, une vie frénétique, incertaine, précaire, rendant l'individu incapable de tirer un enseignement durable de ses propres expériences, parce que le cadre et les conditions dans lesquelles elles se sont déroulées changent sans cesse. En somme, nous dit Bauman, « nos sociétés sont comme les nids de guêpes du Panama : non plus des "sociétés noix de coco", entourées de coque épaisse, qui correspondaient à la phase solide de la modernité, à la construction

1. Zygmunt Bauman, *La Vie liquide*, Paris, Fayard, 2013.

de la nation, à « l'enracinement et à la fortification du principe de souveraineté, exclusive et indivisible », à l'imperméabilité des frontières, mais des « sociétés avocat », prune ou kaki, à extériorité molle. Des sociétés qui correspondent à la modernité liquide, « changeante et kaléidoscopique », au multiculturalisme et au brassage des populations, à la « dévaluation irrépressible » des distances spatiales, aux interpénétrations et interconnexions en réseau, constantes, mais modifiables sans cesse.

Cette évolution du monde si bien décrite par Bauman invite chacune et chacun de nous à se repenser. Surtout, ce que semble nous dire l'auteur, c'est que dans une ère liquide la verticalité solide, indestructible, insubmersible du leader n'est plus tenable. Au contraire, la rondeur, la plasticité, la capacité à adapter les choses du leader pop sont peut-être bien plus pertinentes. C'est du moins l'une des convictions acquises tout au long de mon cheminement personnel.

Loin de moi l'idée de donner des leçons. Au contraire. Ce livre est une pierre un peu polie d'une expérience, d'échanges, et pleine de conviction. Elle ne s'enrichira que des débats, des discussions, des mises en perspective que chaque lecteur et chaque lectrice pourront y apporter. Ce livre se conçoit donc comme une pierre dans une réflexion collective. Ce livre est un manifeste. Un manifeste pour des leaders pop qui sont en résonance avec la société. Une résonance à la fois dans la compréhension de celle-ci, mais aussi dans la façon de lui restituer cette compréhension.

À ce stade du cheminement, plusieurs convictions ont émergé. D'abord, la nécessaire et cruciale mue que chaque leader devra opérer pour affronter les complexités, les attentes et les beautés des opportunités du monde d'aujourd'hui et du monde de demain. La conviction est que, de leader puissant, il doit se glisser dans le costume du meneur de jeu. De celui qui crée le jeu, tout en en faisant profiter les autres. Sans cultiver de position surplombante. Le meneur de jeu est au centre du cercle. Au centre de l'union de l'entreprise. De l'individuel, donc. Chacune et chacun peut s'emparer de cela. CEO, COO, CTO, mais aussi, plus globalement, l'ensemble des manageurs ou des chefs de projets. Du collectif, aussi, évidemment. En repensant l'entreprise comme un lieu diversifié, ouvert, et où la pyramide existe tout en étant circulaire et dynamique. C'est ce que j'ai appelé la gouvernance circulaire. Du particulier à l'universel, en somme. Je ne suis plus une leader, je suis devenue une leader pop.

I
P… Populaire

1
La fin de l'entreprise forteresse isolée

> « L'isolement est le pire des conseillers[1]. »
>
> MIGUEL DE UNAMUNO, écrivain

> « La responsabilité de l'entreprise ne s'arrête pas au seuil des usines ou des bureaux. Son action se fait sentir dans la collectivité tout entière et influe sur la qualité de la vie de chaque citoyen »,

déclarait, en 1972, dans le discours fondateur d'Entreprise & Progrès, Antoine Riboud, alors PDG de Danone. Il ajoutait :

> « Par l'énergie et les matières premières qu'elle consomme, par les nuisances qu'elle

1. Miguel de Unamuno, *Le Sentiment tragique de la vie chez les hommes et les peuples*, Paris, Gallimard, 1937 [1917].

engendre, l'entreprise modifie peu à peu l'aspect et même, disent certains, l'équilibre de notre planète. Le public se charge de nous rappeler nos responsabilités dans cette société industrielle. »

Cinquante ans après, sa vision a été plus que confirmée. Elle a été amplifiée et rendue toujours plus présente par l'actualité. Celle-ci n'en finit plus de nous le démontrer. Les sujets sociétaux s'invitent dans les réunions d'équipe : « Quelle est la démarche RSE de notre entreprise ? », dans les comités de direction qui, chaque jour, doivent faire face à de nouvelles interrogations, qui vont du bien-être au travail à l'impact carbone de leurs activités. Cette année, ces questions et ces interpellations se sont même immiscées dans les assemblées générales des actionnaires, lieux pourtant si feutrés où règne l'entre-soi. En 2022, plusieurs assemblées générales ont été le théâtre de cette irruption totale du sociétal dans le monde du business et de cette interpellation saine que les populations adressent aux dirigeants et aux leaders. Ainsi, lors de l'ouverture de l'assemblée générale des actionnaires d'Engie, le premier sujet abordé par le président du conseil d'administration, Jean-Pierre Clamadieu, ne fut pas la situation financière de l'entreprise et ses projections d'avenir, mais bel et bien la façon dont le groupe avait décidé de se positionner par rapport à la guerre en Ukraine et pourquoi il l'avait fait.

Chez AXA, l'assemblée générale a été marquée par la montée au créneau de deux femmes : Lucie Pinson, présidente de l'ONG Reclaim Finance, mais également actionnaire de l'assureur, et Elise Lucet, journaliste, qui, titulaire d'une action d'AXA, a pu poser une question. Les deux femmes ont interpellé Thomas Burbel, le directeur général, sur un sujet et un seul : les actions concrètes qu'AXA mettait en place pour être raccord avec sa déclaration d'attachement à la lutte contre le réchauffement climatique. Chez Orange, des questionnements sur la prime de départ de Stéphane Richard ou sur la limite d'âge des PDG ont été au cœur des discussions. Enfin, chez TotalEnergies, dans le cadre des dispositifs « Say on Climate », un groupe d'investisseurs représentant 0,8 % du capital a déposé fin avril une résolution pour demander que les objectifs d'émissions du groupe pétrolier se conforment à l'accord de Paris sur le climat. Un acte qui a mené des actionnaires à saisir l'Autorité des marchés financiers en réponse au refus du conseil d'administration d'inscrire la résolution à l'ordre du jour de l'assemblée générale. Des assemblées générales 2022, qui illustrent ce que Klaus Schwab, fondateur et président exécutif du forum économique de Davos, écrivait en 2020 :

> « L'objectif d'une entreprise est d'engager toutes ses parties prenantes dans une création de valeur partagée et durable. En créant une

telle valeur, une entreprise sert non seulement ses actionnaires, mais aussi toutes ses parties prenantes – employés, clients, fournisseurs, communautés locales et la société dans son ensemble. »

L'entreprise interpellée

Ce qui se déroule sous nos yeux est donc bien plus qu'un simple soubresaut. Il s'agit d'un changement de paradigme complet, qui vient rappeler que la notion de progrès est bien plus large qu'un simple taux de croissance. Jamais l'adage de Robert Kennedy selon lequel la « croissance mesure tout, sauf ce qui vaut la peine de vivre » ne s'est avéré aussi juste et résonnant à ce point avec l'air du temps. Dans ce changement de paradigme, les entreprises sont l'un des pivots garantissant que l'évolution se fera de façon apaisée, si elles n'en prennent pas réellement la mesure, elles seront fortement malmenées par les nouvelles exigences venues du dehors. Clairement, dans l'époque que nous traversons, l'entreprise et *a fortiori* ses dirigeants ne peuvent plus, et surtout ne doivent plus, se considérer comme une citadelle assiégée. Au contraire, ce qui leur incombe est de faire face à la vague de bouleversements pour y apporter leur savoir-faire et surtout en devenir les acteurs volontaires, plutôt que de demeurer des figurants forcés.

Lorsque cette discussion surgit dans les rendez-vous avec nos clients, parce que ceux-ci ont subi une crise de réputation, du fait d'un non-respect des nouveaux codes écologiques ou plus largement RSE, ou simplement parce qu'ils éprouvent le besoin et l'envie de lancer une nouvelle activité ou d'adresser ces questions, l'attitude qu'ils adoptent se manifeste de trois manières distinctes. La première qui, si elle existait encore fortement il y a cinq ans, est aujourd'hui presque portée disparue, consiste à traiter le sujet comme étant un épiphénomène et de quasiment le nier. Je me souviens, par exemple, d'un rendez-vous avec un patron d'entreprise, qui, non content de vivre une crise importante, me déclara en substance qu'il jugeait ces interpellations comme une mode qui, comme toutes les autres, passerait.

La deuxième attitude dénote d'une prise de conscience non seulement des problématiques RSE, mais plus largement du besoin d'impliquer les collaborateurs dans la définition d'une raison d'être d'entreprise, ou de donner une plus grande place à la parole des consommateurs citoyens. Ainsi, dans cette deuxième attitude, il est fréquent de voir des entreprises ou des dirigeants se saisir de ces nouveaux enjeux pour changer de gouvernance ou pour, par exemple, organiser de grands séminaires avec l'ensemble des collaborateurs afin d'élaborer avec eux la raison d'être de l'entreprise. Problème : le plus souvent, un manque d'authenticité se fait jour.

« On voit les fils », pourrait dire ainsi un enfant devant un mauvais spectacle de marionnettes. Je me souviens de ce patron qui, alors que la réflexion de toute l'entreprise autour de sa raison d'être avait eu lieu toute la journée, n'a pas vraiment remercié les collaborateurs, mais a surtout acté le fait que cela n'avait pas été très utile, mais qu'il fallait le faire.

Ce manque d'authenticité, ce « *purpose washing* » peut parfois avoir des conséquences autres que la simple désapprobation morale. Certaines entreprises ont d'ailleurs été poursuivies par des consommateurs qui déclaraient ne pas retrouver dans leur expérience client les valeurs proclamées et affichées par la marque. Ainsi, par exemple, UFC-Que choisir a déposé plainte en 2020 contre Samsung pour non-respect de ses engagements éthiques. Rappelant les valeurs affichées par le géant de l'électronique dans ses prises de parole affirmant défendre un « management responsable » incluant « l'ensemble de sa chaîne logistique », il a ensuite pointé les défaillances de Samsung, notamment sur la question du travail des enfants constaté à plusieurs reprises dans des mines de Colbalt au Congo ou sur la question des cadences infernales que l'entreprise imposerait à ses salariés en Chine[1]. Pour

1. Daniel Rosenweg, « Nouvelle plainte contre Samsung pour non-respect de ses engagements éthiques », *Le Parisien*, 10 septembre 2020.

le moment, ces contentieux restent marginaux et ont une vocation plus symbolique qu'autre chose. Cependant, dans le moment de bascule que nous vivons, il est évident que cela va devenir de plus en plus monnaie courante et qu'il conviendra désormais de compter avec cette menace si d'aventure l'entreprise était tentée de poser une raison d'être sans la respecter réellement. Comme si le fameux adage « faites ce que je dis, pas ce que je fais » n'était décidément plus audible.

La troisième attitude est évidemment celle qui donne le plus de place à la prise de conscience et fait coïncider cette prise de conscience avec des actes. Elle n'est pas encore la plus répandue et, parfois, elle peut engendrer des situations compliquées si la raison d'être devient l'unique obsession, au point que plus rien ne compte d'autre que sa réalisation et que l'on en oublie les indicateurs business, qui demeurent l'un des marqueurs de la bonne santé d'une entreprise et sans lesquels rien n'est possible. Alors qu'auparavant, seules la croissance et la rentabilité ne comptaient, celles-ci ont été complètement supplantées par la raison d'être et la réflexion RSE de l'entreprise dans un mouvement de balancier qui aurait oublié de s'arrêter au milieu. L'expérience menée par Emmanuel Faber chez Danone est à ce titre passionnante. Emmanuel Faber fait partie de ces dirigeants visionnaires qui ont compris bien avant les autres la nécessité pour les entreprises de sortir de leur tour d'ivoire pour s'immerger dans le monde. De leur obligation désormais de s'envisager comme partie d'un tout qui les dépasse pour réfléchir à leurs objectifs économiques et à leurs voies de développement. Tout ce qu'il a accompli chez Danone le démontre et constitue un bel exemple de la façon dont les entreprises peuvent concilier intérêts stratégiques business et conscience écologique et sociétale.

> « Ce qui fait l'avantage concurrentiel d'une entreprise, d'une région, d'un pays ce n'est pas seulement son efficacité économique, c'est avant tout son identité, sa culture, le narratif qui cimente la cohésion sociale dans une vision. Qui donne du sens, c'est-à-dire la capacité pour une communauté à comprendre la place qu'elle occupe dans le monde et à y tracer une avenue. Avec un sens d'appartenance »,

écrit Emmanuel Faber dans son ouvrage *Ouvrir une voie*[1]. Difficile de lui donner tort. Difficile de ne pas abonder. Problème : chez Danone, la réalité économique l'a un peu rattrapé, en ce sens qu'une forme de déséquilibre s'était fait sentir.

1. Emmanuel Faber, *Ouvrir une voie*, Chamonix, Paulsen/Guerin, 2022.

Trois attitudes possibles donc. Trois attitudes imparfaites. Il est temps d'inventer une quatrième voie qui serait la synthèse de ces attitudes et qui, surtout, viendrait équilibrer les déséquilibres. Le moment de l'après-pandémie est propice pour lancer ce type de réflexion et pour mieux percevoir comment rendre toujours plus grand le lien de confiance entre les entreprises et les citoyens-consommateurs. Ce que pensent et disent les jeunes générations est à ce titre éclairant. En effet, ils réclament de l'équilibre.

Voilà ce qui ressort d'une enquête menée conjointement par BVA, la Macif et la Fondation Jean-Jaurès[1] selon laquelle 57 % des 18-24 ans interrogés indiquent que le premier rôle de l'entreprise est d'abord de créer de l'emploi et d'embaucher. C'est encore plus vrai chez les étudiants, les premiers angoissés à l'idée de ne pas trouver d'emploi demain, qui sont 61 % à indiquer que l'entreprise doit d'abord servir à créer de l'emploi et à embaucher. Ils sont également très conscients des enjeux sociétaux et du rôle central que peuvent jouer les entreprises dans la transformation du monde. Ils sont près de 40 % à considérer que l'entreprise se doit d'être utile à la société. Et ils fixent les priorités. Les jeunes considèrent que l'entreprise doit

1. Jérémie Peltier, *Les jeunes et l'entreprise*, Fondation Jean-Jaurès, 16 décembre 2021.

s'engager en priorité dans trois domaines : la préservation de l'environnement (29 % de citations), la lutte contre le racisme et les discriminations (27 % de citations) et la lutte contre les inégalités entre les femmes et les hommes (25 %). Mieux, ils portent un regard aiguisé sur ce qui caractérise un engagement authentique. *Exit* les prises de position dans les médias des dirigeants d'entreprise. Ils ne sont, en effet, que 6 % à accorder du crédit aux prises de position dans les médias comme preuve d'un engagement sincère de la part d'une entreprise. Des actes avant des mots, en somme.

Dans le même ordre d'idée, il ressort que les preuves principales d'un engagement sincère pour les jeunes relèvent de ce qui va constituer l'écosystème et le cercle vertueux d'une entreprise, à commencer par ses relations avec ses parties prenantes. Exemple : ils sont 26 % à juger que le refus d'une entreprise de travailler avec des fournisseurs qui ne respectent pas cet engagement constitue la preuve d'une entreprise engagée.

Sans surprise, la jeune génération juge l'entreprise de demain et les leaders de demain par la fameuse théorie dite de la « *triple bottom line* ». En référence à la dernière ligne du compte de résultat. L'expression a été popularisée par John Elkington, cofondateur du cabinet de conseil en stratégie de développement durable britannique SustainAbility en 1994. Selon lui, la mesure traditionnelle du succès d'une entreprise à travers le revenu net n'offre pas une image suffisamment valable de sa valeur réelle. Derrière cette notion émerge une idée nouvelle de l'entreprise, dont la performance doit être évaluée selon trois dimensions, les « triple P » : *People, Planet, Profit.* Dans cet ordre-là. La fin de l'entreprise forteresse isolée se confirme, une nouvelle fois.

La liste des confirmations pourrait être une liste à la Prévert, dont chaque élément viendrait illustrer un peu plus encore le changement de paradigme. Reste que si tout est en train de changer, il ne faudrait pas que ce changement soit le paravent d'une forme de continuation, comme le soulignait Giuseppe Tomasi di Lampedusa dans la célèbre conclusion du *Guépard*[1] avec sa fameuse formule : « Il faut que tout change pour que rien ne change. »

Le « pourquoi et le comment »

Nous pourrions le traduire différemment : il ne suffit pas que le monde change, ni que les entreprises en prennent conscience pour que ce changement et cette nouvelle donne adviennent. Il faut également que les individus, chacune et chacun des collaborateurs d'une entreprise, en prennent conscience,

1. Giuseppe Tomasi di Lampedusa, *Le Guépard*, Paris, Seuil, 1959.

mais il convient évidemment que les leaders changent. Qu'ils changent en profondeur. D'abord dans leur façon de concevoir leur rôle, mais aussi dans la façon de réfléchir l'avenir.

D'aucuns pourraient répliquer, paraphrasant le général de Gaulle, qu'il ne suffit pas de s'agiter sur sa chaise comme un cabri en appelant au changement pour que celui-ci advienne. Évidemment.

Cependant, dans le cheminement d'un dirigeant, le mien comme celui de mes clients, il existe toujours des moments charnières apportés par la vie, par des momentum de business ou parce que, forts de l'intuition qui habite chaque leader, la conviction profonde qu'un tournant doit être pris s'installe profondément. Être ou devenir un leader pop, au sens de populaire, c'est prendre la mesure de cette transformation à l'œuvre. Si l'entreprise n'est plus une forteresse imprenable justement parce qu'elle s'est remise au cœur du monde, alors le dirigeant de celle-ci ne peut pas se vivre comme une forteresse, comme un être inaccessible qui détient le savoir. Il lui appartient de redescendre dans l'arène, de ressentir le monde pour ensuite pouvoir fixer le cap de son entreprise. Il lui appartient de savoir ancrer son action dans une dynamique collective qui résonne avec la façon dont les parties prenantes liées à son activité interpellent les acteurs du secteur et ont envie de construire avec eux.

Démagogie, pourront sourire certains. Est-ce démagogique d'imaginer des dirigeants d'entreprise qui s'intéressent réellement au sens que prend l'action qu'ils mènent avec leurs collaborateurs ? Est-ce démagogique de souhaiter que les dirigeants de demain ne soient plus déconnectés du monde au point de ne jamais le comprendre ou, pis, de l'abîmer, parce qu'ils imaginent détenir une forme de vérité, de savoir et de pouvoir ? Est-ce démagogique de croire qu'il est possible d'être un leader tout en étant un inspirateur des mouvements en cours et à venir ?

Est-ce démagogique, enfin, de rêver à ce que les leaders de demain assument une forme de décalage, de créativité et de façon de penser, non pas disruptive, non pas transgressive, mais pop, au sens premier du terme, c'est-à-dire imaginer que les leaders d'entreprise soient des inspirateurs du monde, des game-changers, pourrait-on dire ? Un adage célèbre dit que « Lennon a fait plus pour la révolution sexuelle et sociétale des sixties que Lénine ». Il a fait plus, car il était un leader pop. Le même John Lennon raconta d'ailleurs un jour l'anecdote suivante :

> « Quand j'étais petit, ma mère m'a dit que le bonheur était la clé de la vie. Quand je suis allé à l'école, ils m'ont demandé ce que je voulais être quand je serais grand. J'ai répondu heureux. Ils m'ont répliqué que je n'avais

pas compris la question. J'ai répondu qu'ils n'avaient pas compris la vie[1]. »

En le paraphrasant, nous pourrions dire la chose suivante : et si un leader complet était un leader qui, au-delà du compte de résultat de son entreprise, envisageait celle-ci et s'envisageait lui-même comme l'un des acteurs de notre bonheur collectif ?

Dans un TedEX resté célèbre, l'économiste Simon Sinek porte le même message avec des mots différents. Il avance la théorie dite du « cercle d'or ». Dans cette conférence intitulée « Comment les grands leaders inspirent l'action »[2], Sinek annonce :

> « Nous suivons les leaders, non parce qu'on doit le faire, mais parce qu'on veut le faire. Nous suivons les leaders, pas pour eux, mais pour nous-mêmes. Et c'est ceux qui commencent avec le « pourquoi » qui sont capables d'inspirer ceux qui les entourent ou de trouver ceux qui les inspirent. »

Précepte qui peut évidemment s'appliquer à une entreprise ou à son dirigeant.

---

1. Hunter Davies (dir.), *Les Lettres de John Lennon*, Paris, JC Lattès, 2012.
2. La conférence Ted Ex de Simon Sinek est ici : <https://www.ted.com/talks/simon_sinek_how_great_leaders_inspire_action?language=fr>.

Et Simon Sinek de poursuivre en prenant l'exemple d'Apple.

> « Si Apple était comme tout le monde, un de leurs messages publicitaires pourrait ressembler à ça : "Nous faisons des ordinateurs formidables. Ils sont magnifiquement designés, faciles à utiliser et conviviaux. Vous en voulez un ?" Et c'est comme ça que la plupart d'entre nous communiquent. C'est comme ça que le marketing est fait. C'est comme ça qu'on vend. Et c'est comme ça que la plupart d'entre nous parlons. Nous disons ce que nous faisons, en quoi nous sommes différents ou meilleurs »,

souligne-t-il avant de donner le paradigme de communication de la firme à la pomme.

> « Voici la manière dont Apple communique vraiment : dans tout ce que nous faisons, nous croyons à la remise en cause du statu quo. Nous croyons en une manière différente de penser. Notre manière de remettre en question le statu quo est de rendre nos produits magnifiquement désignés, faciles à utiliser et conviviaux. Et il se trouve qu'on fait des ordinateurs formidables. Vous en voulez un ? »,

détaille, avec justesse, Sinek.

Sortir du comment pour aller vers le pourquoi. Sentir le monde pour, certes, gagner des parts de marchés, mais aussi pour le modifier, un peu, beaucoup, passionnément, à la folie… Sortir des process pour aller vers l'invention et la créativité. Autant de cartes que le dirigeant, leader pop, doit pouvoir abattre dans le nouveau monde qui s'ouvre devant nous.

Autant de cartes avec lesquelles le leader pop doit savoir jouer. Pour ancrer son entreprise, son action et celle de ses collaborateurs dans le concret de ce qui se passe autour d'eux.

2
Quand les femmes changent l'entreprise et le leadership

« *Who run the world ? Girls !* »
BEYONCÉ, chanteuse pop

« La femme est l'avenir de l'homme », soulignait le poète Aragon[1]. Elle est aussi l'avenir de l'entreprise. Écrivant ces mots, je vois déjà certains sourires narquois se dessiner et le reproche affleurer : « Alors en fait, c'est cela : le nouveau leader ou le leader pop est une femme. » Rassurons immédiatement celles et ceux qui pourraient être tentés d'adopter cette posture : non, le leader pop n'est pas nécessairement une femme.

Cependant, il faut rendre à Cléopâtre ce qui appartient à Cléopâtre et nul ne peut contester l'apport et la dynamique nouvelle

1. Vers de Louis Aragon, *Le Fou d'Elsa*, Paris, Gallimard, 1963.

insufflée dans les entreprises du fait de la présence des femmes, d'abord, mais aussi et surtout de leur présence à des postes clés de cadre et de direction. L'émergence du féminin dans les entreprises a agi comme un révélateur des incohérences, mais aussi des manques qui existaient. Cela a aussi fait émerger du nouveau. Dans la façon d'organiser, de relationner et aussi donc de diriger. D'ailleurs, cela ne concerne pas seulement l'entreprise, mais bel et bien la société dans son ensemble.

L'égalité inachevée

La déflagration et la libération de la parole suite au mouvement #MeToo en constitue l'un des catalyseurs les plus puissants, cependant, la révolution était déjà en marche si l'on s'intéresse à la façon dont les femmes se sont emparées individuellement, puis collectivement, des questions transversales et capitales de l'entreprise. Les leurs, d'abord, puis dans un mouvement plus global. Doit-on ici vraiment rappeler les mouvements For Women in Science, lancés pour les chercheuses par L'Oréal, ou l'avènement du Women's Forum comme une voix indispensable dans la réflexion sur le devenir des entreprises ? Doit-on ici vraiment rappeler que les femmes sont un mouvement par leur sens de la création d'entreprise et leur approche différente de la façon de diriger ? En 2021, plus du tiers

(32,3 %) des entreprises créées en France l'ont été par des femmes, selon le baromètre annuel publié par Infogreffe[1].

Il ne devrait pas être nécessaire de le rappeler et, pourtant, il le faut, car la place des femmes au sein des entreprises reste encore, en 2022, un sujet majeur quant à la transformation globale des schémas de pensée et plus largement de la mise en corrélation de l'entreprise avec le monde dans lequel elle évolue.

Pour beaucoup, la cause est entendue : l'égalité est advenue et il n'est pas opportun, aujourd'hui, d'affirmer toujours plus la nécessaire égalité entre les femmes et les hommes dans l'entreprise. Heureusement, l'examen du réel et la volonté d'élaborer une nouvelle façon de diriger permettent très facilement de démonter cette affirmation saugrenue qui n'a qu'un seul but : confirmer un statut quo. Statut quo quant aux inégalités salariales toujours criantes et tout simplement incompréhensibles et injustifiables ! Selon le dernier pointage de l'Insee, les femmes sont – à compétences égales et postes équivalents – rémunérées 16,7 % de moins que les hommes sur les emplois à temps plein. Si l'on ajoute à cet écart les emplois à temps partiel, plus fréquemment occupés par des femmes, la différence dépasse 25 %. Ainsi,

1. Mallory Lalanne, « Les femmes, créatrices de 32,3 % des entreprises en 2021 », *Les Échos*, 8 mars 2022.

en France, en 2022, certaines femmes sont payées pour des jobs et des compétences équivalents un quart de moins que les hommes. Il convient de l'écrire et de le rappeler. Encore. Toujours. Encore et toujours.

Statut quo, également, quant à la place des femmes au sein des conseils d'administration des entreprises. En 2021, ce taux plafonnait à 17 % ! Pourtant, depuis 2011, avec le vote de la loi Copé-Zimmermann, qui impose 40 % de femmes dans les conseils d'administration, il aurait été logique d'imaginer que les choses avaient positivement évolué. C'est globalement le cas. Pourtant, que le chemin est encore long. Les chiffres sont tellement éloquents qu'ils parlent d'eux-mêmes. Dans un rapport intitulé « Women in the boardroom », publié par le cabinet de conseil Deloitte en février 2022[1], qui étudie les us et coutumes de soixante-douze pays en matière de diversité de genre au sein des conseils d'administration, on peut ainsi constater par exemple l'existence d'un décalage entre les conseils d'administration et la direction s'agissant des progrès réalisés en matière de parité. Seulement 6,7 % des conseils d'administration sont présidés par des femmes et, résultat encore moins encourageant,

1. Le détail du rapport Deloitte sur la place des femmes dans les CA : <https://www2.deloitte.com/ch/fr/pages/audit/articles/women-in-the-boardroom.html>.

seuls 5 % des postes de CEO sont occupés par des femmes. Le message est clair : les femmes peuvent être managers, mais elles ne sont pas les bienvenues pour présider aux destinées des entreprises. Nous sommes en 2022…

Autre constat éloquent lui aussi : à l'échelle mondiale, en moyenne, à peine 19,7 % des sièges au sein des conseils d'administration sont occupés par des femmes, ce qui représente une augmentation de 2,8 points de pourcentage depuis 2018. Si le changement devait se poursuivre à ce rythme, la parité serait atteinte en 2045. Demain, en somme…

Dernier constat qui, à lui seul, raconte le problème et livre aussi sa solution. Toujours selon le rapport Deloitte, il apparaît que les conseils d'administration des entreprises présidées par des femmes CEO sont nettement plus équilibrés que ceux des entreprises dirigées par des hommes, avec respectivement 33,5 % de postes occupés par des femmes, contre 19,4 %. En clair : quand les femmes sont dirigeantes, elles font de la place aux autres et plus largement à la différence. Comme si, au fond, dans leur façon de diriger, elles avaient un temps d'avance. Un temps d'avance, en ce sens qu'elles sont d'ores et déjà prêtes pour diriger dans le monde qui vient, puisqu'elles savent écouter la multitude, la comprendre et l'intégrer à un projet collectif.

Je suis désormais convaincue de cette affirmation. Pourtant, il m'a fallu du temps pour l'être. Pour devenir dirigeante, j'ai épousé des codes. Ceux attendus de l'entrepreneur. Très masculins. Aussi, là encore, alors que le féminin et le fait d'être une femme auraient pu être des atouts, j'ai choisi consciemment ou inconsciemment de le laisser de côté. Car cela ne correspondait pas aux attentes.

Récemment, le collectif féministe Sista a interrogé huit grands patrons français. Ils sont installés sur une chaise et répondent à un entretien très classique. À un moment donné, une disruption vient perturber les choses. Les questions posées sont les plus entendues par les femmes, même lorsqu'elles ont atteint des postes de très hautes responsabilités. Les questions vont de « quelle est votre *morning routine*? » à « comment gérez-vous le syndrome de l'imposteur »? Les mines ahuries des PDG en disent long sur le gap existant entre les questions habituelles qui leur sont posées et celles que les femmes entendent quotidiennement. Façon de rappeler à quel point imaginer une femme dans un poste de leader reste une incongruité.

« Cette femme dirige comme un homme », c'est d'ailleurs le compliment souvent entendu pour celles qui sont parvenues à des postes de responsabilités. Souvent, elles ont gommé tout ce qui incarnait en elles le féminin, car, dans l'imaginaire collectif, dans nos imaginaires collectifs, pour être un leader, il faut être un homme, un vrai. Héritage suranné du patriarcat, cette croyance guide encore les reproches qui sont continuellement faits aux femmes. Sur leur coiffure, sur leur façon de s'habiller, sur leur émotivité, sur leur capacité à prendre des décisions et même sur leur façon de s'exprimer. Au-delà des considérations politiques, la violence des attaques contre Valérie Pécresse suite à son meeting au Zénith le 13 février 2022 lors de la campagne présidentielle en atteste. Quels furent les reproches ? « Elle n'a pas été à la hauteur dans sa façon de dire son discours », « le ton était robotique », « on est loin de Nicolas Sarkozy qui finissait les meetings la chemise trempée », « cela manque de souffle ».

Ainsi, le seul critère de jugement fait au sujet d'une femme candidate à la présidentielle concerne sa façon de parler. En tant que communicante, je ne peux qu'être sensible à cet argument, puisque la forme est aussi le fond qui remonte à la surface, cependant, dans cette façon de s'en prendre à la voix, au timbre, ou à l'incarnation virile, il y a aussi, profondément ancrée, une culture du leadership autour de l'image du chef qui harangue. Un doute ? Cela a été scientifiquement documenté par des chercheurs de l'université de Chicago. Dans un article publié en septembre 2021 dans le *Journal of Management Studies* intitulé « It's not what you say, but how you sound »[1], Krishnan

1. L'article et son résumé sont là : <https://onlinelibrary.wiley.com/doi/abs/10.1111/joms.12767>.

Nair, docteur à la Northwestern University, étudiant l'évolution biologique et culturelle qui façonne la psychologie des individus a mené avec son équipe une nouvelle étude qui révèle que les PDG masculins à la voix profonde et virile sont mieux payés par les conseils d'administration. Pour arriver à cette conclusion, l'équipe de chercheurs s'est concentrée sur des enregistrements vocaux de PDG de plusieurs sociétés britanniques cotées à la Bourse de Londres (FTSE 100). Les analyses ont porté sur une période de dix ans et l'échantillon comprenait seulement cinq femmes. Dans leurs conclusions, plusieurs enseignements intéressants pour quiconque s'intéresse au leadership, à sa transformation et aussi à la place des femmes dans les entreprises. Lorsqu'ils ont examiné la rémunération, les chercheurs ont pris en compte à la fois le salaire et les avantages sociaux et ont contrôlé un large éventail de facteurs, y compris la taille et la performance de l'entreprise, la formation des PDG et leur relation avec le conseil d'administration. Ils ont constaté qu'une augmentation d'un écart-type due à la « masculinité vocale » était associée à une augmentation de 6,6 % du salaire total, indiquant « que l'effet de la masculinité vocale du PDG sur la rémunération du PDG est économiquement significatif ». Leur hypothèse pour expliquer cet écart est double : non seulement l'association faite et acquise tout au long de l'histoire entre la force physique et la voix grave et la plus grande propension des hommes à commettre des violences et donc à se doter de « leaders forts », dont la voix grave est l'un des apparats.

En résumé : nous serions « conditionnés » par l'histoire pour nous doter et pour devenir des leaders « forts ». À la lecture de ces conclusions, plusieurs moments de mon propre parcours sont revenus. Ces présentations où j'étais la seule femme devant des parterres d'hommes et où il me fallait me conformer à l'attente du masculin, au combat de boxe qu'il convenait de mener pour remporter la partie. Non pas que je n'aime pas les défis et la compétition, au contraire, mais celle-ci doit-elle forcément revêtir tous les aspects de la guerre masculine de mise à mort ? Ces réunions de présidents d'agence de communication où nous n'étions que quatre femmes sur plus de soixante-dix participants. Ces instants où, comme nombre de femmes de ma génération, je singeais les hommes, car je n'avais pas eu assez de modèles féminins de leader auxquels me rattacher et desquels m'inspirer pour devenir leader moi-même. Certaines ont ouvert la voie, mais elles restent peu nombreuses. La bonne nouvelle, c'est qu'une parole collective s'est peu à peu affirmée. De nombreux clubs sont apparus, justement, pour aider à construire un leadership différent que nous pourrions qualifier de « leadership au féminin », mais qui a aussi et surtout vocation à poser une pierre dans la réflexion collective sur les nouveaux contours du leadership en général. Le mix des deux façons d'être leader pourrait d'ailleurs s'appeler le « pop leadership ». Celui que nous défendons dans ces pages.

Les femmes sont des pop leaders

L'actualité tragique nous a récemment livré une illustration intéressante de ce « pop leadership » mêlant nouvelle capacité d'être au monde et aux autres avec une capacité d'entraînement et de rassemblement. Dans la guerre en Ukraine s'opposent d'un côté un leadership viril, celui de Vladimir Poutine, incarnation ultime du leadership ancienne génération basé sur la force, la concentration de l'information en une seule main, sur la peur aussi, cette figure de leadership poussée à l'extrême ne séduit plus. Pas seulement parce qu'elle est incarnée, aujourd'hui, par un agresseur, mais aussi parce que chacun pressent bien que cette façon de diriger du haut vers le bas, sans laisser place à la discussion n'est plus tenable dans le monde dans lequel nous vivons. De l'autre côté, une autre forme de leadership a émergé. Celle du président ukrainien Volodymyr Zelensky. Dans le drame qui touche son peuple, Zelensky s'affirme comme un leader d'un nouveau genre. Aux côtés de ses soldats. Partageant le pain avec eux, distillant des vidéos sur les réseaux sociaux pour faire passer des messages et affichant toujours malgré les difficultés une foi inébranlable dans l'avenir et dans la capacité de ses compatriotes à faire face. Se souvenir qu'avant d'être président, Zelensky était un humoriste de série télévisée. Un acteur adulé par ses compatriotes. Une figure de la pop culture ukrainienne, en somme, devenue en l'espace de trois semaines une icône populaire à l'échelle mondiale. D'un côté le « père », au sens patriarcal du terme, de l'autre la « mère ». Comme dans un miroir inversé des codes du leadership. Dans un autre genre et lors d'une actualité plus heureuse, le jour de sa réélection en 2012, Barack Obama poste sur ses réseaux Twitter et Instagram une photo où il serre sa femme, Michèle, dans ses bras avec quelques mots sobres : « *Four more years.* » Le message est partagé et liké par plusieurs millions de personnes à travers le monde. Il n'est pas là pour informer le monde de la réélection, mais, au contraire, pour partager une émotion avec la communauté. Cela pourrait paraître anecdotique, mais ces deux exemples confirment qu'une nouvelle donne est en train de gagner l'esprit du leadership. Cela fait déjà quelque temps que chacune et chacun sent bien que les leaders d'aujourd'hui, qu'ils soient dirigeants politiques ou dirigeants d'entreprise, ne peuvent plus être dans la même logique qu'auparavant, qui procédait que, forcément, ils étaient de vrais leaders du fait de leur arrivée à telle ou telle fonction, ou du fait de leur plus grande capacité à parler plus fort que les autres. Chacun sent bien que cela n'est plus tenable. D'ailleurs, il y a quelques années, une étude menée dans le monde entier par le Cabinet PWC auprès des patrons d'entreprise, afin de savoir quel était leur dirigeant préféré, a conduit à un résultat sans appel. Le dirigeant préféré des chefs d'entreprise à travers le monde était Winston Churchill, le Premier ministre britannique durant la Seconde Guerre mondiale. Parmi les qualités accolées dans l'étude à Winston Churchill : le pragmatisme, l'agilité et la flexibilité. Winston était suivi de Steve Jobs, de Gandhi et de Nelson Mandela ou de Bill Clinton. Ces autres leaders mis en avant recelaient, eux, les qualités déjà citées, évidemment, mais aussi une « capacité à bâtir des consensus », ou à « faire confiance à leurs intuitions » pour imaginer l'avenir. Déjà ces résultats racontaient en creux la révolution silencieuse du leadership. Dans le pragmatisme churchillien, il y a la capacité à écouter les autres, à écouter les circonstances aussi non pas pour être pusillanime, mais pour décider ce qui conviendra le mieux et être capable de changer d'avis. Dans l'agilité, il y a cette capacité à chercher des solutions, mais surtout à les rendre possibles. Dans la capacité à « bâtir des consensus » d'un Mandela, il y a la compréhension profonde que l'affrontement viril n'est pas un mode durable de direction.

Des qualités, généralement, et de façon parfois caricaturale attribuées aux femmes ou au féminin.

Loin de la binarité dans laquelle certains pourraient être tentés d'enfermer ce propos, cette capacité à intégrer les femmes et leur façon de diriger dans les centres de décision des entreprises sera à n'en pas douter l'une des clés de la façon dont les firmes pourront se mouvoir dans le monde qui s'annonce et qui est, de fait, déjà là. « La femme est l'avenir de l'homme », disait le poète Aragon. Un autre poète, Grand Corps Malade, dans sa chanson « Mesdames », écrit la suite : « Eh bien l'avenir est là et il s'est installé depuis belle lurette. » Celles et ceux qui n'en tiendront pas compte, en s'en tenant aux symboles, sans intégrer entièrement cette nouvelle donne dans une réflexion plus large sur ce que l'on attend d'un dirigeant, auront du mal à rester compétitifs à l'avenir.

3
La fin de l'entre-soi ou les nouveaux habits du chef

« *I Contain Multitude.* »
Bob Dylan, chanteur pop

Mêmes écoles, mêmes lieux de villégiature, mêmes lieux d'habitation, mêmes restaurants fréquentés… La liste pourrait encore s'allonger, tant ce qui semble caractériser une grande partie des dirigeants d'entreprise, mais plus largement des dirigeants dans leur ensemble, est une forme d'uniformité. La caricature pourrait sembler éculée et pourtant elle est tenace. Au-delà de l'image d'Épinal du patron bedonnant au cigare, l'image qui colle aux dirigeants est celle d'un entre-soi délétère, d'une forme de déconnexion du réel et, pis, celle d'une forme de conglomérat, qui, de Davos en Bilderberg, dirige le monde avec le profit pour seul horizon. L'image des dirigeants est mauvaise et, pour le moment, peu d'entre eux/elles ont perçu à quel point l'enjeu d'avenir était de sortir de cela pour se réinvestir au cœur du monde et donc à nouveau entrer en dialogue avec lui.

Et si le chef parlait vrai ?

Fait révélateur, durant l'été 2022, le magazine *Challenges*, en lien avec le magazine *The Economist* a imaginé trente-cinq scénarii de rupture pour l'avenir. Des « *What if…* » dans tous les domaines pour tenter de percevoir le monde de demain et de tracer des lignes d'horizon. L'un d'entre eux interpelle quiconque s'intéresse à la vie des entreprises en général et des dirigeants en particulier.

> « À la suite du tragique accident de yacht qui coûta la vie à mon prédécesseur, Buck Passer, le conseil d'administration a décidé de procéder à un changement dans la direction du Multinational United Subsidiary Holdings (MUSH). En tant que nouveau directeur général, j'aimerais me montrer à la hauteur de mon surnom, Honest Harry Hunter, en vous parlant en toute franchise. Le dernier exercice a été terrible pour nous. Pour être honnête, personne ne pouvait raisonnablement attendre de l'équipe de direction qu'elle puisse prévoir une pandémie mondiale marquée par des confinements généralisés. Mais, tout comme les managers ne peuvent être tenus au moins en partie responsables durant

> les périodes difficiles, ils ne peuvent revendiquer tout le mérite lorsque les choses vont bien. La plupart des cadres sont redevables aux banquiers centraux qui ont fortement réduit le coût du capital, et aux pionniers de la technologie qui ont facilité les transactions et les communications »,

lit-on à l'entame de cette lettre imaginaire d'un PDG qui « parle vrai ». Et ce dernier de poursuivre :

> « Aussi, vu que mes collègues de l'encadrement ont empoché des bonus dans les années de boom, nous avons décidé de diminuer de moitié leurs salaires. Cela nous procurera l'argent dont nous avons besoin pour sauvegarder des emplois dans le reste du groupe. Cela en heurtera plus d'un parmi les hauts dirigeants, dont certains préféreront s'en aller. Ils nous manqueront – et nous leur souhaiterons bonne chance pour trouver un nouvel emploi dans le marché du travail actuel. Nous savons aussi que beaucoup d'entre vous ont dû continuer à travailler dans nos usines et entrepôts durant la pandémie, alors que la grande majorité de nos personnels de bureau ont pu travailler depuis leur domicile. C'est pourquoi, vu que nos budgets sont serrés, nous veillerons à ce que les salaires de ces travailleurs essentiels soient cette année indexés sur l'inflation. Pour tous les autres, il y aura gel des rémunérations. »

Les mots peuvent peut-être prêter à sourire. Et pourtant, en 2022, deux magazines économiques majeurs imaginent dans un scénario de rupture des « dirigeants qui parlent vrai ». Parler vrai. Sortir des postures. Sortir de l'entre-soi. Loin de faire sourire, le fait qu'un tel scénario puisse encore être imaginé aujourd'hui laisse songeur. Songeur, car l'interpellation des dirigeants par la société, les tribus numériques et les communautés en tous genres ne date pas d'hier.

Comme ne date pas non plus d'hier la fin de la posture d'autorité à la française qui présuppose que le dirigeant détient le savoir, le pouvoir, la recette pour gagner des marchés ainsi que la capacité herculéenne de détourner les fleuves. Car c'est bien de cela dont il s'agit dans la posture hexagonale du leadership : rester entre gens de bonne compagnie et surtout demeurer persuadé que le pouvoir s'exerce de haut en bas, dans une forme de secret et dans une logique de division des cercles de management intermédiaires pour mieux régner. Seul. Avec ses pairs. Il serait aisé de penser que ce constat est sévère. Pourtant, il est le fruit d'une vingtaine d'années de rencontres de dirigeants, qui, tous, à un moment donné, ont succombé à cette culture très française du leadership. Culture qui mêle héritage historique du patron/dirigeant comme aiguilleur de conscience et comme seul capable de décider avec une forme acceptée et subie de déresponsabilisation chez les collaborateurs. Ce cocktail crée une défiance forte accentuée par la déconnexion souvent réelle des dirigeants et leur culture de l'entre-soi et de la reconnaissance des diplômes. Depuis vingt ans que je conseille des dirigeants d'entreprise, c'est l'un des traits saillants que j'ai pu observer. Non pas que cela soit fait de manière consciente ou même volontaire, mais la création de ce que Pierre Bourdieu appellerait un habitus du dirigeant reste prégnante. Comme si, là encore, pour diriger, il fallait cocher des cases et avoir les codes. Se souvenir ainsi de ce dirigeant d'entreprise qui répliquait sans cesse aux équipes chargées de sa communication qu'il n'avait pas de compte à rendre aux « blogueurs » et que son juge de paix était le « regard de ses pairs ».

La fin des allégeances

Il ne s'agit pas ici de remettre en cause la qualité et l'importance du regard des pairs dans le cheminement d'un dirigeant, mais bel et bien de bannir l'idée d'entre-soi ou, à défaut, de l'augmenter de l'entre-soi de la multitude. Dans ses travaux sur la jeunesse, Anne Muxel, politologue, directrice de recherche au CNRS, a étudié le rapport qu'entretiennent les jeunes générations avec la politique. Il ressort qu'une défiance importante des 18-25 ans envers les dirigeants politiques existe et surtout qu'elle est plus large qu'une simple défiance envers les politiques. Pour elle, ce qui ressort de son étude auprès de plusieurs milliers de jeunes dans le cadre de l'enquête « What » s'incarne dans ce que l'on pourrait appeler « la fin des allégeances », quelles qu'elles soient.

> « Cette défiance définit un rapport à la politique nettement plus critique, où prévalent des formes d'expressions protestataires : dans les urnes mais aussi dans la rue, au travers de mobilisations, de manifestations... Donc c'est dans ce contexte de défiance qu'ils découvrent la politique et qu'ils y font leurs premiers pas. Cela a forcément une incidence sur leur lien à la politique et les réponses qu'ils vont eux-mêmes formuler : par exemple le vote protestataire est le vote majoritaire chez les jeunes – pour ceux qui votent en tout cas »,

expliquait-elle dans un entretien à *Usbeck & Rica*[1]. Avant d'ajouter :

> « Il y a un affaiblissement des allégeances sociales, politiques et partisanes traditionnelles. Les individus construisent aujourd'hui davantage que par le passé leur rapport à la politique au travers d'une expérience et d'une évaluation "individualisée" du contexte dans lequel ils ont des choix à formuler. Les

1. Pablo Maillé, « "La culture de la protestation est un trait commun des jeunes Français" », *Usbek & Rica*, 24 octobre 2018.

générations précédentes rentraient en politique avec des attaches politiques, idéologiques et partisanes nettement plus fixées et structurées. »

Exit donc, le temps des allégeances. Pour les leaders politiques, comme pour les dirigeants d'entreprise. Car ce qui est également mis en avant par l'étude de Muxel, c'est que la politisation des jeunes générations tend à se déplacer vers des sphères de bénévolat, d'association, d'activisme écologique. En se déplaçant, elle vient confronter, forcément, l'action des entreprises au sujet de la planète, nous l'avons dit, mais aussi la posture de leurs dirigeants qui demeurent dans une forme de position surplombante et un entre-soi traditionnel ne collant pas avec la culture de la multitude, du dialogue et de l'interpellation qui émane des jeunes générations et donc aussi, par effet domino, des générations un peu moins jeunes, mais imprégnées de ces nouveaux schémas qu'elles importent dans l'entreprise. Et si les Français ont encore confiance dans l'entreprise pour mener les transformations nécessaires, ils ne font pas réellement confiance aux chefs d'entreprise ou aux dirigeants au sens large pour les mener à bien. À longueur de sondages, ils pointent le « manque de communication », « l'absence d'esprit d'équipe », etc. Et la catégorie de population qui a l'image la plus dégradée des dirigeants est celle des 18-25 ans.

Comme quoi, ce qui est vrai pour les politiques peut aussi l'être pour les patrons.

Si l'image est dégradée, c'est que des attentes sont pourtant là. Présentes. Fortes. Et qu'elles sont déçues, ou à tout le moins non satisfaites. Le phénomène de grande démission qui touche tout le monde occidental depuis la pandémie de Covid-19, s'il a plutôt à voir avec une recherche de sens est aussi lié, pour partie, à la façon dont les dirigeants eux-mêmes s'envisagent. « Souvent, on a l'impression que malgré le fait que l'on a coché toutes les cases et que l'on adopte les codes, il sera très difficile de faire partie du club. » C'est le sentiment qui habite nombre d'hommes et de femmes qui pourraient devenir dirigeants, mais qui ne rentrent pas dans le moule. Cela pourrait être de leur responsabilité. Évidemment que la personnalité de chaque individu joue, mais, clairement, le constat actuel est que cela vient de la façon même dont sont choisis et cooptés les dirigeants. Cela vient aussi, surtout, de la posture qui est aujourd'hui encore attendue alors qu'elle n'est plus en phase avec la société. Lorsque je dirigeais le bureau parisien d'Edelman après y avoir accolé Elan, j'ai tenté plusieurs fois de promouvoir des personnalités dont je pressentais qu'elles correspondaient non pas aux codes d'hier, mais à ceux de demain et quasiment à chaque fois la direction ou, pis, la présidence du groupe elle-même me faisait le même retour : « Il n'est pas assez chef dans l'âme. » Certainement que ces refus qui ont conduit ces talents à s'éloigner d'Edelman ont aussi contribué à forger ma réflexion. Que veut dire « ne pas être chef dans l'âme » si ce n'est ne pas correspondre à l'image du chef? Du chef qui fait peur, du chef qui partage l'entre-soi, du chef qui garde de par-devers lui les informations stratégiques, du chef qui divise pour régner. Lorsque j'interrogeais les refus, évidemment, ce que l'on me rétorquait n'était pas de cette teneur, mais, entre les lignes, dans les interstices, ce qui ressortait était que l'on avait besoin d'uniformité et surtout de codes communs. Étonnante pratique dans un monde où l'on prône en permanence l'inclusion. Elle vaudrait ainsi pour tout le monde, sauf pour les dirigeants stratégiques de l'entreprise.

Du leader au meneur

Mais de quelle posture parles-tu exactement? Quels sont les dirigeants qui correspondraient aux codes de la société de demain? De telles questions sont légitimes. Elles m'animent tous les jours et reviennent toujours lors des rencontres de dirigeants, de futurs collaborateurs, dans les débats d'Entreprise & Progrès, ou tout simplement dans les discussions avec des étudiants ou des jeunes actifs qui s'interrogent. Signe, peut-être, qu'elle n'est pas aussi anecdotique que ce que l'on pourrait le croire au simple énoncé du « il faut sortir de l'entre-soi ». La conviction que j'ai forgée depuis quelques années pourrait se résumer de la façon imagée suivante : trop longtemps biberonnés à la culture de la star du football, les dirigeants d'entreprise s'envisagent, dans leur majorité, comme des solistes qui doivent faire face à tout et surtout débloquer le match quand celui-ci semble sans issue. Parfois, ils y parviennent. Rarement. Comme la star du foot qui considérerait qu'elle peut y arriver par la grâce de son seul talent. Le dirigeant, au contraire, qui comprend le mouvement du monde actuel devrait plutôt se ressentir comme le demi de mêlée ou le demi d'ouverture d'une équipe de rugby. Sans la force de ses avants, il n'aura aucun ballon, et sans la créativité de ses arrières, aucune de ses idées lumineuses n'a de chances d'aboutir à un essai. Ainsi, le dirigeant se replace au centre pour distribuer et éclairer, plutôt qu'au-dessus pour briller.

Plus globalement et pour filer quelque temps encore la métaphore sportive, dans la culture du rugby, il y a celle du lien, de la multitude, du regard de l'autre comme un égal. Celle de l'authenticité où l'on ne joue pas un rôle. Loin de l'entre-soi délétère.

> « Sur les chemins d'Ovalie, le territoire sans frontières des amateurs de rugby. C'est un monde où l'on se rencontre plus qu'on ne se croise, et qui a tout d'une école de la vie. Les codes s'acquièrent au fil du temps, sur le pré,

> dans les vestiaires, au fond d'un bus ou dans un bistrot, à l'ombre d'une potence de bière devenue arbre à palabres. Il s'y raconte des légendes où s'affrontent les grands noms de notre panthéon, il s'y vit des épopées où des émotions brutales et intenses, s'y tissent entre les hommes des liens indéfectibles »,

écrit d'ailleurs, joliment, l'ancien rugbyman Daniel Herrero dans son *Dictionnaire amoureux du rugby*[1]. Les codes s'acquièrent au fil du temps, nous dit-il. Et ils changent et se modèlent en fonction de chacun. Un poète pop, Bob Dylan, le dit autrement dans l'une de ses dernières chansons : « I contain Multitudes ». Façon de rappeler à tous et à chacun que le salut demain viendra de la connexion plus que de la distance. Façon de signifier que sans cette capacité à regarder l'autre, à le comprendre, à entrer en empathie avec lui, alors le dirigeant ne sera plus en adéquation avec les attentes et perdra (c'est d'ailleurs d'ores et déjà le cas aujourd'hui) toute légitimité pour donner à ses collaborateurs le fameux désir de la mer, dont parlait Saint-Exupéry.

Nous voici donc à la croisée des chemins. Soit le leadership demeure ce qu'il est et ce qu'il a globalement toujours été, soit il mute. Pour se transformer en leadership pop, c'est-à-dire populaire et donc au centre de

1. Daniel Herrero, *Dictionnaire amoureux du rugby*, Paris, Plon, 2007.

l'entreprise. Les dirigeants sont au pied du mur. La transformation est là. Les attentes sociétales également et s'ils ne prennent pas les devants, eux-mêmes seront remplacés par des algorithmes et leurs entreprises seront petit à petit montrées du doigt comme n'étant pas des lieux au sein desquels il fait bon travailler. Exagération ? Les algorithmes de management sont d'ores et déjà présents dans les entreprises. Pour le moment, ils concernent les fonctions intermédiaires, mais déjà ils gagnent les cadres, voire les cadres supérieurs. Dans un article de février 2022, *Le Monde*[1] a raconté cette nouvelle donne reprenant et illustrant par un reportage une étude de l'OCDE parue en décembre 2021[2]. Ainsi, dans les entrepôts des grands distributeurs de vente en ligne ou de discount, « les logiciels de commande vocale » deviennent la règle et « promettent une productivité accrue ». D'ailleurs, dans certaines usines, ce sont « des écrans tactiles qui ont remplacé les managers pour assurer la formation des salariés ». Enfin, rapporte le quotidien du soir, « chez les cadres aussi l'IA prend les commandes ». Et de pointer, notamment, l'essor du télétravail et des logiciels d'efficacité.

---

1. Catherine Quignon, « Dans les entreprises, l'essor du management par les algorithmes », *Le Monde*, 20 février 2022.
2. Étude de l'OCDE sur la place de l'intelligence artificielle dans le travail : <https://www.oecd.org/fr/numerique/intelligence-artificielle/>.

Ce que raconte cette nouvelle donne, loin de devoir nous effrayer, est que, clairement, ce qui importe pour être un dirigeant n'est plus la capacité à donner des ordres, à faire des plannings, ou encore à élaborer des plans de carrière, mais plutôt à être aux côtés des collaborateurs. Pour impulser, pour dessiner l'horizon, pour questionner, pour mettre en équilibre, pour faire front avec et aussi évidemment pour emmener avec lui, dans le sens d'« entraîner à sa suite ». Pour cela, il convient d'emporter l'adhésion. De l'expliquer, de l'incarner de façon authentique. Pas de la déclarer de manière descendante. C'est ici que tout se rejoint. En sortant de la posture de l'entre-soi, le dirigeant se confronte au miroir de la multitude, mais, en même temps, il apprend et emmène avec lui pour faire grandir tant les collaborateurs que l'entreprise. Dans ce cheminement nouveau, le leader a besoin de toute sa créativité. Pop un jour, pop toujours. Pas étonnant que nombre d'entreprises recherchent aujourd'hui des profils littéraires, formés aux sciences humaines et donc tournés vers l'imagination, la créativité, pour justement sortir de l'ascèse technologique et du mode de pensée standardisé. L'espoir est donc permis. Aux dirigeants d'enclencher le mouvement. De sortir de l'entre-soi pour découvrir les tribus multiples et ainsi modifier leur être au monde. Ou plutôt, devrions-nous écrire, leur « être aux autres ». Aujourd'hui, tout se passe comme si le bon dirigeant se mesurait au nombre de collaborateurs qu'il manage. « J'ai tant de gens dans mon équipe », entend-on souvent. Et si demain, nous entendions « nous sommes tant ». Symbolique, peut-être. Mais les symboles précèdent souvent les pratiques. À force de se penser en équipe, nous deviendrons des équipes. Plus fortes, plus variées, plus tournées vers le monde et donc plus à même de faire face aux défis qui se présentent.

4
Remettre du bon sens dans l'entreprise et faire la chasse au bullshit

> « Avoir du bon sens est inné. Avoir suffisamment de bon sens fait le génie. »
>
> GEORGES BERNARD SHAW, dramaturge

48 millions. C'est le nombre d'Américains qui ont décidé de quitter volontairement leur job en 2021. Le phénomène a continué en 2022 et il a aussi fait des émules en Europe et en France où ce « *Big Quit* », ou « grande démission », est devenue l'un des sujets de préoccupation majeurs. Parmi les raisons évoquées par les démissionnaires : la perte de sens, le besoin d'une nouvelle aventure, l'envie d'être utile, la nécessité de ne plus participer à une mascarade, etc. Ce n'est plus une révolte, c'est une révolution dans le rapport au travail que chacun et chacune entretient. Comme si,

finalement, on assistait à l'effet conjugué de la pandémie de Covid-19 et de la lame de fond, qu'avait pointée dans son essai *Bullshit Jobs*[1] l'anthropologue David Graeber.

> « Des millions de personnes souffrent aujourd'hui d'un terrible manque de sens, couplé à un sentiment d'inutilité sociale. Ce qui peut sembler paradoxal : en théorie, l'économie de marché, censée maximiser les profits et l'efficacité par le jeu de la concurrence, ne devrait pas permettre à ces jobs peu utiles d'exister »,

écrivait-il. Sentiment d'inutilité sociale, qui est peut-être aujourd'hui l'une des sensations les plus partagées par l'ensemble des salariés et qui interroge forcément le système économique dans son ensemble, mais aussi la position de dirigeant. Comment, dans ce contexte, le dirigeant/leader peut-il jouer un rôle ? Peut-il par son action contribuer à redorer le blason des *bullshit jobs* et, au-delà, à redonner une forme d'enthousiasme dans le fait de travailler ?

Mission simplification

La conviction acquise, là encore, est claire. Les dirigeants ont une mission : celle de simplifier les choses, celle de redonner une raison

1. David Graeber, *Bullshit Jobs*, Paris, Les Liens qui libèrent, 2018.

d'être à l'action de leurs collaborateurs, celle de substituer le sens à Power Point. Simplification et chasse au *bullshit* pourraient être les deux mots d'ordre du leader pop populaire de demain. « Le *bullshit* est une manipulation du langage et arrive lorsque les mots utilisés, entendus ou lus s'opposent à la réalité telle qu'elle est vécue », estime dans son essai *AntiBullshit*, la sémiolinguiste Elodie Mielczareck[1]. Et d'ajouter :

> « Là où il y a confiance mutuelle, il n'y a pas de bullshit. Car la confiance revêt une dimension contractuelle. Lorsque ce contrat n'est plus valide, c'est la porte ouverte aux bullshitter. »

Lien intéressant entre la perte de confiance et le sentiment de vacuité et l'apparition du *bullshit*. Lien qui rappelle combien, dans la panoplie du dirigeant, la capacité à incarner un contrat de confiance est essentielle. L'incarnation prend forme dans plusieurs éléments : le discours, la posture, la capacité à intégrer les attentes du monde extérieur dans la détermination d'un horizon d'entreprise, évidemment. Mais il y a également, aussi étonnant que cela puisse paraître de prime abord, la capacité à simplifier la vie de ses collaborateurs.

---

1. Elodie Mielczareck, *AntiBullshit. Post-vérité, nudge, storytelling : quand les mots n'ont plus de sens (et comment y remédier)*, Paris, Eyrolles, 2022.

Souvent, lorsque cette question surgit dans les discussions avec les clients, elle prend un tour légèrement humoristique qui laisse entrevoir que ce point est, certes, une chose à avoir à l'esprit, mais qu'il n'est en aucun cas prioritaire. Il pourrait, en effet, apparaître comme anecdotique le fait de demander à ses collaborateurs de chercher pendant plusieurs heures des images gratuites pour illustrer des présentations Power Point et, pourtant, loin de l'anecdote, le temps et l'énergie dépensés pour cela ne l'est pas pour autre chose et ne donne pas aux collaborateurs un sentiment d'utilité folle. De même, comment concevoir que, dans certaines entreprises, un service entier ne soit dédié justement qu'à la réalisation de présentation bien ficelée ?

Ce qui est en jeu dans cette capacité du leader pop d'insuffler une nouvelle culture du bon sens et de la simplicité, c'est également la cohésion d'une équipe, sa capacité à travailler dans la même direction, et aussi sa durabilité. Alors que le télétravail se généralise partout, grâce notamment aux outils numériques, l'urgence de la simplification se fait encore plus prégnante, notamment sur les listes de participants aux réunions ou sur les façons de se rencontrer alors que l'on s'éloigne physiquement. Plus globalement et plus stratégiquement encore, la question des process et des mises en silos, qui sont néfastes tant pour la productivité que pour la quête de sens, doit être adressée et traitée par le leader pop. Le souvenir d'une grande entreprise de conseil surgit en écrivant ces lignes. Chaque collaborateur était en charge d'une micro-tâche en ayant un titre ronflant et un salaire mirobolant. Aucun n'avait de vision globale d'un projet et, surtout, travailler avec eux signifiait changer d'interlocuteur ou d'interlocutrice à chaque micro-étape de la mission. Je me souviens d'un sentiment de vacuité. D'une impossibilité à éprouver l'avancement d'un dossier, de l'épuisement et de l'incompétence que les équipes sentaient monter en elles sans raison. Simplement parce que le sens n'était pas la préoccupation de ce client. Parce que ce qui importait était de respecter les procédures et les hiérarchies. Et l'un de mes contacts de me confier, un jour où, une nouvelle fois, nous avions perdu le fil de ce pourquoi nous travaillions avec eux : « Tu sais Marion, ici, personne ne sait exactement ce sur quoi il travaille, mais chacun est responsable de son petit territoire. » *Bullshit* quand tu nous tiens…

Bienvenue dans « l'expérience collaborateur »

Ce souvenir et ce sentiment d'inutilité sont tellement puissants que lorsqu'il s'est agi de travailler pour une autre firme du même genre et de la même dimension, j'ai hésité. Longtemps. Pour finalement replonger. Et être très agréablement surprise. Avec un nombre de collaborateurs similaires, ce nouveau client avait décidé d'une organisation totalement différente. Du junior au PDG, il n'y avait que trois strates hiérarchiques, chacun et chacune pouvait avoir une vision globale du projet sur lequel il était mobilisé et l'observation et le travail au quotidien avec ce client ont laissé voir que non seulement les collaborateurs avaient l'impression d'être considéré, que, de plus, ils étaient utiles pour l'aboutissement d'une idée et, enfin et surtout, qu'ils pouvaient participer pleinement à l'élaboration du projet global, grâce à l'ouverture du compas hiérarchique. Et un collaborateur de nous confier : « Ce qui est passionnant ici c'est la sensation corroborée par le réel d'être partie intégrante d'un tout. » Bref, deux entités similaires. Deux visions du monde. L'une qui crée du sens, l'autre qui fournit du carburant à des mouvements comme celui de « grande démission ».

Dans ce dernier cas, ce qui est frappant est d'étudier aussi la posture des dirigeants. Celui du premier groupe de conseil est très *top-down*, très dans l'affirmation d'une autorité presque magique issue du simple fait d'être devenu président. L'autre, au contraire, s'affirme lui-même comme un meneur, plutôt que comme un leader au sens traditionnel du terme. Façon de se décentrer pour se placer au côté des équipes et incarner le centre de l'union. Les dirigeants doivent avoir présent à l'esprit cette question du *bullshit* créé par les organisations mêmes, par les process et par leur propre posture afin de pouvoir faire vivre à leur collaborateur une expérience – comme celle de l'expérience utilisateur en quelque sorte – de travail bien plus intéressante et valorisante.

Cette question du sens, de l'expérience utilisateur du collaborateur s'affirme aussi dans la capacité de leur laisser une liberté d'action pour s'impliquer dans quelque chose qui leur tient à cœur. À l'heure de la perte de sens généralisée, chacun sent bien ce besoin de donner de son temps, de ses compétences, ou simplement de soi pour défendre une cause, un idéal, ou faire œuvre de solidarité. Les entreprises dites « B-Corp » et qui se veulent entreprises à mission intègrent forcément cet aspect-là dans leur fonctionnement quotidien en permettant à leurs salariés de réaliser du mécénat de compétences, cependant, il convient d'aller plus loin encore. Pour aller plus loin dans cette logique et dans cette dynamique, il s'agit de laisser de la liberté aux collaborateurs. Une plus grande liberté encore que celle donnée par la possibilité de temps accordé à des associations dans le cadre de l'entreprise à mission. Ce qui se joue là est notre capacité de dirigeants à accepter de faire confiance, à aller chercher ces profils particuliers qui ont le besoin de se sentir impliqués dans quelque chose qui les dépasse.

Dans cette possibilité offerte aux collaborateurs pour les uns de faire de la politique, pour les autres de s'impliquer dans une association, pour les derniers de s'inscrire à une formation complémentaire qui n'a pas de lien direct avec le job, il y a en germe le bonheur personnel et donc la performance économique individuelle et collective au sein de l'entreprise. La perte de sens soulignée, vécue et commentée en permanence vient aussi du sentiment d'impuissance et de perte de contrôle eu égard à la marche du monde que chacune et chacun selon sa sensibilité propre ressent dans son être profond. Aussi, le leader qui remet du bon sens, qui permet d'aller chercher du sens et qui donne du sens est un leader qui s'inscrit pleinement dans la nouvelle forme d'interpellation que le monde fait peser sur les individus, sur les entreprises et sur les États.

Sans cette capacité d'écoute, d'empathie et de compréhension non pas des besoins, mais plutôt des envies des uns et des autres, le leader perd le lien, perd la confiance et donc génère et ses équipes avec lui du *bullshit*. Écrivant cela, défendant cela auprès des clients et tentant de l'appliquer moi-même au quotidien, j'entends pleinement la difficulté. J'entends pleinement la nécessité de lâcher prise qu'il convient d'accepter pour permettre cela. J'entends aussi les embûches. « Ce n'est pas parce que les choses sont difficiles que nous n'osons pas, c'est parce que nous n'osons pas qu'elles sont difficiles[1] », maximisait Sénèque. Il est temps que les leaders de l'avenir s'emparent de cette question et osent des choses. Le leader de demain doit cultiver toujours cette capacité d'itération, cette capacité du pas de côté, cette capacité à innover, même si cela conduit parfois à un échec ou à une réussite en demi-teinte. Et de se laisser surprendre, comme je le fus, par exemple, en apprenant la façon dont le groupe immobilier Avinim dans les Vosges a décidé de mettre en place un système de « vacances illimitées ». Ainsi, les collaborateurs disposent d'un crédit de jours illimité qu'ils usent selon leur bon vouloir, avec pour seule règle : ne pas désorganiser un service. Le PDG l'assure : les effectifs ont doublé, les chiffres sont au vert et l'activité ne subit pas d'aléas[2]. Parmi les bienfaits relevés par le patron : un sentiment de liberté, qui se couple avec une plus grande responsabilisation des collaborateurs. Et ces derniers de prendre des jours en plus, soit pour réaliser des travaux, soit pour s'engager dans des associations, soit pour simplement s'occuper dans un temps plus qualitatif des enfants. Cerise sur le gâteau : le PDG affirme qu'il n'a décelé aucun abus, au contraire. Surprise

1. Sénèque, *Lettres à Lucilius*, XVII, 104, 26.
2. Lysiane J. Baudu, « Entreprise : Ils managent autrement et ça marche ! », *La Tribune*, 29 mai 2022.

aussi quand certains expérimentent une forme d'entreprise libérée nouvelle, une semaine de quatre jours, qui donne des résultats de croissance exponentielle, ou encore un télétravail à 100 %, si maîtrisé qu'on ne le soupçonne pas et qui semble générer un esprit d'équipe et de cohésion réel. Des initiatives que l'on pourrait qualifier de marginales, mais qui sont au cœur du besoin de sens, de réinvention et de nouvelles donnes qui émergent actuellement. Des initiatives qui correspondent à chaque situation et qui ne sont pas forcément transposables de la même manière ailleurs, mais qui enseignent une chose : l'audace paye.

Le bullshit comme destructeur de confiance

Enfin, dans cet univers de la perte de sens et de l'émergence de *bullshit*, l'une des dernières causes est ce que l'on pourrait appeler « le dire et ne pas faire ». Cela peut concerner le micro-management de l'organisation des réunions, mais aussi plus globalement dans le hiatus qui peut exister entre les paroles et les actes. D'abord vis-à-vis des collaborateurs, mais aussi vis-à-vis des clients et de l'opinion. Ce sont ce dirigeant et cette entreprise qui affichent des valeurs sociales, qui paradent en parlant de l'importance de l'humain, c'est aussi cette multinationale qui affiche une raison d'être résolument tournée vers l'écologie et qui n'a pas fait attention à son empreinte carbone, etc. Les exemples sont légion. L'ennui, c'est que la crise de confiance vient de là. Les collaborateurs sont des citoyens comme les autres. Ils s'informent, ils comprennent, ils lisent et donc ils savent le décalage entre la parole et l'acte. Dans le mouvement de « grande démission », cette raison parmi d'autres est présente. Elle est en germe chez le salarié qui commence à se dire que les injonctions sont contradictoires, que les discours sont jolis, mais que les actions concrètes tardent à venir ou qu'il ne faut pas trop aller fouiller derrière la belle façade sous peine d'être déçu. Certains s'en vont, d'autres se résignent, les derniers deviennent parfois lanceurs d'alerte. Dans tous les cas, cela est mauvais pour l'entreprise, pour le dirigeant et même pour la société dans son ensemble, puisque générateur de ressentiment.

Dans cette exploration de la façon dont le sens se perd, reste une dimension. Celle des dirigeants eux-mêmes. À quel moment conçoivent-ils d'accepter de lâcher prise pour se réaligner avec eux-mêmes et donc avec le sens dont ils ont besoin et envie de donner à leur propre parcours, mais aussi plus largement à leur façon de diriger. Pour ma part, c'est d'une forme de perte de ce que j'étais que sont venues la renaissance et la réflexion plus globale sur ce que voulait dire diriger dans ce monde instable, incertain, liquide et pourtant rempli d'opportunités qui éclot face à nous. Ou plutôt, devrions-nous écrire, qui éclot avec nous. Chasser le *bullshit* dans nos organisations et y réinjecter du bon sens, c'est d'abord et avant tout chasser le *bullshit* dans nos propres constructions de managers et de dirigeants. Avec cette décision, suis-je véritablement aligné avec ce à quoi je crois ? Si un doute émerge, alors peut-être qu'il convient de réévaluer la décision envisagée à l'aune du malaise qu'il fait émerger.

Plus encore qu'une capacité, cette acceptation de l'interrogation et de l'introspection pour vérifier d'abord si l'on est aligné avec soi-même constitue l'atout majeur du leader pop. Il accepte ainsi ses failles pour grandir. Loin d'une vision éculée du chef. Surtout, cette antienne qui pourrait apparaître comme une recette de développement personnel est en fait bien plus profonde que cela. Elle modifie complètement la posture et redonne du sens à l'ensemble des collaborateurs. Accepter l'interrogation sur son propre alignement, c'est créer les conditions de la responsabilisation de chacun, car le leader démontre par là même qu'il n'est pas infaillible, mais, surtout, c'est aussi redonner un rôle et du sens à ce que chacun et chacune peut apporter comme pierre dans la construction de l'édifice commun.

II
O… Ouvert

Leader pop donc. Populaire en se confrontant aux interpellations du monde, à ses modifications, à ses soubresauts, à ses nouvelles attentes. Pour se remettre au centre et non plus en surplomb et réapprendre une nouvelle forme de leadership. Mais le leader pop, pour réussir sa mutation, doit aussi être ouvert. Quelle différence pourrait-on se demander ? Si je suis attentif aux soubresauts du monde, je suis forcément ouvert à eux, pourrait-on s'agacer ? La différence tient finalement dans l'acte.

Être attentif aux soubresauts et les comprendre constitue le premier étage de la fusée. Le second étage, c'est d'ouvrir les vannes à la possibilité de l'intégration de ceux-ci dans le fonctionnement concret de l'entreprise. Dans ces objectifs business, mais aussi dans son organisation globale et dans la façon dont elle se modifie, notamment dans les profils qu'elle intègre.

5
Une ouverture aux tendances du monde pour gagner des marchés. L'intuition comme outil

> « Je refuse de me soumettre à un destin aveugle. La chance va et vient, il faut la saisir, il faut la surmonter[1]. »
> Largo Winch, héros de bande dessinée

Il était une fois un homme assez jeune qui hérite suite à la mort tragique de son père du groupe familial. De prime abord, il n'a vraiment pas le profil adéquat pour diriger un tel empire. Résultat : certains des anciens amis de son père envisagent de le renverser et fomentent des intrigues, toutes plus savantes les unes que les autres, pour le faire chuter. Ils sont des leaders puissants et, pourtant, ils n'y parviennent pas. Le jeune homme réussit

1. Jean Van Hamme, *L'Héritier*, Paris, Dupuis, 1990.

toujours à les devancer. À les surprendre et surtout à faire fructifier son entreprise et à agrandir son groupe. Cette histoire, fictive, est celle de Largo Winch. Ce héros de bande dessinée créé par Jean Van Hamme à la fin des années 1980 incarne une forme de pied de nez à la frénésie argentière des années 1980. Surtout, et c'est peut-être là toute la force du personnage, évoluant au fil du temps et des changements du monde, Largo Winch semble être toujours à l'affût de ce que les communicants appellent les « signaux faibles ». Comme il les détecte avant ses ennemis, il s'en empare et s'en sert pour gagner. De la fiction, pourrait-on rétorquer. Certes, mais comme dans toute bonne fiction, on peut en tirer des enseignements, ici, la figure de Largo Winch a beaucoup à nous apprendre pour incarner le leadership d'aujourd'hui.

La « parabole Winch du leadership »

Ce que nous pourrions appeler la « parabole Winch du leadership » pourrait se résumer de la façon suivante : il est possible, tout en étant rejeté par le sérail, de trouver sa place, de grandir et de gagner grâce à un sens aigu de la transgression, du pas de côté et à une attention aux autres et à ce que le monde nous dit. Plus qu'un leader au sens traditionnel du terme, Winch est un meneur d'hommes et de femmes. Son bras droit n'a rien d'académique, mais, pour Winch, il est celui qui prend le pouls du monde. Winch, lui, écoute puis se fie, beaucoup, parfois trop, à son instinct. Intéressante parabole, alors qu'il s'agit ici de réfléchir aux contours de ce que peut incarner le leader dans le monde qui vient.

Souvent, alors que ce sujet émerge lors d'une discussion avec des clients, une objection est émise: « Mais Marion, il faut délivrer. » Objection légitime, qu'il nous faut pourtant écarter. Ou du moins compléter: pour délivrer, il faut entendre, écouter et transformer. Souvent, dans cette objection, il y a une forme de crainte. Celle ne pas remplir les objectifs de rentabilité, celle de ne pas rentrer dans les canons de la réussite économique de la croissance à deux chiffres, etc. Évidemment, cette peur étreint tous les patrons, tous les créateurs d'entreprise et tous les dirigeants. Elle est saine. Elle est même, parfois, source de puissance et de créativité pour gagner des parts de marché nouvelles et lancer de nouvelles activités. Cependant, elle ne doit plus être la seule ligne de conduite des dirigeants. Avoir pour seul horizon le compte de résultat, c'est conduire son entreprise à la ruine. Ruine d'innovation, ruine de créativité, ruine de sens. Résultat : oui, le compte sera beau. Oui, il sera en croissance. Mais quelque chose manquera : la résonance au monde. La capacité à emmener les collaborateurs avec soi. Le nécessaire supplément d'âme qui sied à toute entreprise humaine, sous peine d'être perçue comme absurde. Surtout, ce qui risque aussi d'arriver aussi à moyen terme, de ne pas réellement gagner toujours plus de parts de marché.

Ce qu'il convient ici d'examiner, c'est la façon dont le leader peut se connecter aux tendances en cours, mais aussi et surtout les capter pour les transformer. Loin de nous l'idée de fournir ici une recette ou un manuel clés en main. Plutôt l'envie de partager des convictions forgées tout au long du cheminement avec les clients et en tant qu'entrepreneuse. D'abord, le meneur d'hommes et de femmes de demain doit se penser comme étant le moteur de la réflexion autour de la façon dont son collectif d'entreprise s'inscrit dans la démarche globale de responsabilité sociale et environnementale. Un doute ? Pourtant, tout démontre que les Français sont plus que sensibles à cela. Un sondage ici qui souligne que « l'engagement sociétal des entreprises (et donc de leurs leaders serait-on tenté d'ajouter) est l'une des raisons de l'adhésion à une marque[1] ». Un autre qui démontre que nos compatriotes ont une bonne image globalement des entreprises,

1. Julie Le Bolzer, « 63 % des Français plus attentifs aux engagements des entreprises depuis le Covid-19 », *Les Échos*, 14 juin 2021.

mais pas de leurs patrons[1]. Mener la réflexion, cela ne signifie pas seulement déclarer des objectifs, cela veut aussi dire poser des actes concrets et clairs. Plusieurs exemples peuvent être cités et il serait fastidieux de faire une liste. Cependant, la démarche enclenchée par Emmanuel Faber chez Danone, qui, partant d'une raison d'être, a décliné l'ensemble des activités du groupe, est vertueuse, même si elle a connu une fin particulière. Dans une autre dimension, celle d'une entreprise familiale, la façon dont la famille Henaff, avec aujourd'hui à sa tête Loïc Henaff, pense l'ensemble de sa stratégie dans une dynamique autre que la simple recherche de profit. Autosuffisante en eau depuis sa création en 1907, l'entreprise a lancé très récemment le plan « Be Good 2030 » que Loïc Henaff, le PDG, décrit de la façon suivante :

> « C'est une démarche holistique qui est dans la même philosophie que celle de notre rapport à l'eau, en ce sens qu'elle tente d'aborder toutes les problématiques, de les regarder en face et d'y apporter pierre après pierre des solutions viables. »

Sont concernées les questions de diversité dans l'emploi, de bientraitance animale et aussi

1. Laurent Guez et Julien Solonel, « 71 % des Français ont une bonne positive des entreprises », *Le Parisien*, 19 janvier 2018.

de relation raisonnée avec les parties prenantes. Et le dirigeant d'ajouter régulièrement :

> « Je suis l'incarnation en chef de cette philosophie. Cela fait partie intégrante de mon rôle. Le dirigeant qui incarne l'entreprise doit s'occuper des générations à venir autant que de la rentabilité. »

Loïc Henaff, comme d'autres, se pense ainsi comme « l'éclaireur *in chief* » sur toutes ces questions plus globales qui constituent désormais le quotidien des entreprises et donc des leaders.

Demeure cette croyance étonnante qui avance que les deux éléments ne sont pas conciliables et que réfléchir à son positionnement, prendre le pouls de la société et rentabilité ne feraient pas bon ménage et qu'inévitablement l'entreprise n'y trouverait pas son compte. Comme toute croyance, elle se heurte à la réalité des faits.

Réalité des faits aussi quand on ausculte la façon dont Paul Polman a transformé totalement Unilever. Lorsqu'il est nommé président de la multinationale en 2009, difficile de penser que, dix ans plus tard, Unilever est l'une des entreprises les plus *green* au monde avec une transformation aussi rapide. Elle est partie d'une intuition et d'une volonté de Polman qu'il a su faire partager. Son intuition était la suivante : si Unilever voulait rester compétitif et continuer d'avoir des clients, il lui fallait modifier son modèle et donner une autre image au monde entier. Dès son arrivée, il met fin à la publication de résultats trimestriels de l'entreprise. Pour le monde de la finance, le mouvement est radical : finie l'information à court terme pour les actionnaires, au profit d'une vision à long terme. Il décide qu'Unilever devra atteindre l'objectif de 100 % d'huile de palme certifiée et il divise l'empreinte carbone par deux. Résultats atteints, même si l'ONG Break Free From Plastic place Unilever comme l'un des plus gros consommateurs de plastique au monde (le troisième). Quoi qu'il en soit, la logique de Polman a été de contribuer à faire ce qu'il nomme un « point de bascule » propice à entraîner tout un secteur. Polman d'ailleurs, une fois parti d'Unilever, devenu l'un des patrons partenaires de la COP26, a déclaré au *Times* qu'à ses yeux, nous ne souffrions pas d'une « crise climatique, mais d'une crise morale du leadership[1] ». Même si le propos peut sembler, un poil, exagéré, il entendait par là interpeller les décideurs actuels. Les inviter à réagir et à faire confiance à leurs intuitions en matière de positionnement stratégiques.

1. Oliver Sha, « Ex-Unilever chief Paul Polman: "We don't have a climate crisis, we have a moral leadership crisis" », *The Times*, 9 janvier 2022.

Faire confiance à son intuition. Voilà certainement l'une des clés pour rester au contact sensible des retournements à venir de son marché ou plus globalement du monde. Faire confiance à son intuition, lorsque l'on est un leader, reste l'une des choses les plus compliquées qui soit. En effet, alors que les chiffres semblent dire et dessiner quelque chose, il faut savoir parfois les contredire et décider l'inverse de ce qu'ils racontent. Dans cette capacité à faire confiance à l'intuition, il y a une forme d'audace, de culot et de lâcher-prise qu'il faut savoir accepter. Là encore, les faits donnent raison. Quand Steve Jobs lance le premier Mac, il vient d'essuyer plusieurs échecs retentissants. Lorsqu'Emmanuel Macron démissionne du gouvernement en juillet 2016, qu'il fonde son parti et se lance dans la course à la présidentielle, il se fie à une intuition : celle de la fin des partis traditionnels de gouvernement. Les planètes, à ce moment-là, ne sont pas réellement alignées pour lui. C'est ensuite que la situation s'éclaircit et lui permet de devenir président de la République. Il en va de même pour Barack Obama lorsqu'il discourt devant les démocrates à Philadelphie en mars 2008. Il n'est pas encore officiellement le candidat. Ce sont bel et bien l'intuition initiale de la possibilité d'une victoire sur une ligne politique et les mots employés ce jour-là qui lui permettent d'être désigné candidat, puis de devenir président. Dans un autre registre, c'est la même logique, celle de la capacité à faire confiance à ses intuitions et à écouter le monde, en l'occurrence celui de ses ouvriers qui ont du mal à rejoindre facilement leur travail faute de moyens de transport, qui conduit l'Italien Enrico Piaggio, au lendemain de la Seconde Guerre mondiale, alors qu'il ne reste rien de ses usines d'aviation bombardées par les alliés, à imaginer la Vespa. À se battre pour qu'elle puisse voir le jour et être l'un des personnages dans le film *Vacances romaines,* devenir ainsi l'icône que l'on sait.

Cette intuition, dont les contours semblent se dessiner ici, pourrait s'apparenter à l'idée de savoir « prendre des risques ». Cela ne serait pas totalement faux. À ceci près que dans l'intuition qui sied au leader, plus encore aujourd'hui dans la « société liquide » décrite par Bauman, il y a un sentiment d'inéluctabilité que le leader parvient à faire partager aux autres. « Prendre un risque », c'est l'expression française. Les Américains disent, eux, *« take a chance »* pour signifier plutôt la possibilité de succès dans la mise en déséquilibre. Et si nous en inventions une autre : « prendre une intuition » ?

Le philosophe Charles Pépin, après avoir travaillé sur « les vertus de l'échec » dans la construction personnelle, a publié un livre sur la confiance[1]. Au-delà de l'approche philosophique qu'il développe autour de la notion, il donne plusieurs clés qui peuvent servir aux leaders de demain. D'abord dans la capacité à comprendre ce qui les meut.

> « Pour réussir vraiment à s'écouter, il suffirait, peut-être, qu'aucune de nos facultés ne l'emporte sur les autres. Si notre raison s'impose, c'est à elle que nous obéirons. Si notre sensibilité triomphe, c'est elle que nous suivrons. Lorsqu'aucune de nos facultés ne l'emporte, c'est à nous-mêmes que nous ferons confiance. Nous en sommes tous capables »,

détaille ainsi Charles Pépin. Avant de s'intéresser au processus de décision.

> « Décider, c'est trouver la force de s'engager dans l'incertitude, réussir à y aller dans le doute, malgré le doute. C'est pallier le manque d'arguments définitifs par la capacité à s'écouter, ou simplement à trancher pour se remettre en mouvement. Dans les deux cas, c'est une question de confiance en soi. Un tel engagement n'est pas facile : il faut "prendre sur soi", être prêt à assumer des conséquences imprévisibles, mais c'est le propre d'une décision. Elle nous oblige à choisir sans même le secours d'une argumentation indiscutable. Pas à l'aveugle, mais pas non plus en pleine clarté. »

---

1. Charles Pépin, *La Confiance en soi. Une philosophie*, Paris, Allary éditions, 2018.

Ne pas décider en pleine clarté. Drôle de conseil pour des leaders. Et pourtant, il est d'une grande justesse dans ce qu'il donne comme liberté d'action. À la fois pour le leader lui-même, mais aussi pour l'ensemble de ses collaborateurs à qui, par l'exemple de ses qualités, il montre un chemin. Libres ensuite à eux d'emprunter le même, ou d'inventer le leur, tant qu'ils continuent de partager les objectifs communs fixés pour l'ensemble d'entre eux.

Du chef de guerre au chef d'orchestre

Pour réellement atteindre cette façon d'opérer, il est crucial d'en finir une fois pour toutes avec le langage guerrier que le culte du chef (souvent, un homme) charrie avec lui. « Bataille commerciale », « ennemis », « raid », « armes », « guerre des prix », « puissance », « main de fer », etc. Le vocabulaire économique, autant que celui qui est généralement employé pour discourir sur le chef, est un vocabulaire qui descend de celui de la guerre. Pas étonnant, tant le « leader à la papa » est toujours dépeint et attendu comme un chef de guerre omniscient, qui doit résoudre tous les problèmes et avoir réponse à tout. Cette posture historique du chef nous vient du passé, mais ne tend pas vers l'avenir, en ce sens qu'elle conçoit le monde comme un champ de bataille, alors que le meneur ou le leader pop le conçoit plutôt comme un terrain de jeu. Village global, terrain de jeu global. Et sur un terrain de jeu, au lieu de faire la guerre, on crée. On imagine. On invente des histoires. On les réécrit. Et on fait aussi attention aux autres. À ses coéquipiers, comme à ses adversaires, qui ne sont plus des ennemis, et aussi aux autres joueurs, qui jouent à un jeu un peu différent.

Se penser comme un chef de guerre dans le monde de la multitude, de l'interpellation citoyenne et de la montée en puissance de l'incertitude, c'est un peu comme penser que le nuage radioactif de Tchernobyl allait s'arrêter aux frontières de l'Hexagone. Se penser comme un chef de guerre à l'heure de l'information partagée, disponible et accessible facilement, c'est un peu comme croire que la mer s'est véritablement ouverte devant Moïse. Surtout, cela contribue à entretenir une vision éculée de la façon de diriger, déphasée avec les attentes du monde. « *Primum non nocere, deinde curare* » (« D'abord ne pas nuire, ensuite soigner »), dit l'adage que l'on pourrait prolonger par un autre : « De la responsabilité à l'impact positif. »

Dans cette logique, le management du *care* n'est pas loin. Chacun peut avoir une opinion sur la déclinaison qu'il souhaite y apporter, mais, par l'ensemble des possibles qu'il ouvre, il engendre une kyrielle d'outils qui permettent au leader pop de se penser autrement que comme un chef de guerre. Il peut être meneur de jeu, chef d'orchestre ou sage qui donne les grands axes avant de penser le coup d'après, car il compte avec une confiance inégalée sur ses adjoints, alliés, bras droit et collaborateurs au sens plus large. Pour expliquer cette façon d'être, cet état d'esprit nouveau fait d'authenticité, d'écoute, d'humilité, d'intuition et d'envie de gagner, il m'arrive fréquemment d'imaginer un compas. Le chef comme le compas qui donne l'équilibre, qui arrondit les situations par son expérience, son sens de l'écoute et aussi et surtout par sa capacité à rassembler les collaborateurs autour du point central qu'il incarne, mais qui est aussi constitué du corpus de valeurs et de projets communs de l'entreprise.

Il ne s'agit pas ici de dupliquer les principes de l'entreprise libérée que j'ai moi-même expérimentée, un temps, à mes dépens, tant celle-ci a agi comme un facteur de déresponsabilisation de l'ensemble des collaborateurs, mais plutôt d'inventer pour chaque structure son propre modèle, guidé simplement par quelques principes directeurs. Parmi ceux-ci, l'idée du *care*, de l'orchestre qui doit jouer une symphonie pour souffler plutôt que détruire une autre armée. Dans un poème dédié aux amoureux, le poète libanais Khalil Gibran écrit la chose suivante :

> « Aimez-vous l'un l'autre, mais ne faites pas de l'amour une chaîne. / Chantez et dansez ensemble et soyez joyeux, mais laissez chacun

de vous être seul. / De même que les cordes du luth sont seules pendant qu'elles vibrent de la même harmonie[1]. »

Certainement que dans l'approche ouverte du leader pop, il y a cette capacité à laisser les individus être libres tout en s'assurant qu'ils peuvent vibrer de la même harmonie. La philosophe et psychanalyste Anne Dufourmantelle, dans son essai magnifique *Puissance de la douceur*[2], donne une clé qui peut également servir aux leaders qui accepteraient de faire leur mue et arrêter de se penser comme des généraux en guerre. Être pop, c'est aussi être doux. Doux, non pas dans le sens fade. Doux, dans le sens d'être en écoute avec l'autre. En l'occurrence son collaborateur.

Dufourmantelle écrit :

« Être doux avec les choses et les Êtres, c'est les comprendre dans leur insuffisance, leur précarité, leur immanence, leur bêtise, leur génie. C'est […] inventer l'espace d'une humanité sensible, d'un rapport à l'autre qui accepte sa faiblesse, et ce qui pourra décevoir en soi. Et cette compréhension profonde engage une vérité. »

---

1. Khalil Gibran, *Le Prophète*, Paris, Le Livre de poche, 1993 [1923].
2. Anne Dufourmantelle, *Puissance de la douceur*, Payot, Paris, 2013.

Elle poursuit :

> « La douceur fait apparaître l'écart entre ce qui est là et qui échappe. Il y a une puissance en elle qui, loin de la tempérance ou de la tiédeur, emporterait dans sa déferlante une ferveur qui est un autre nom de l'extase. »

Des mots que je résumerais ainsi : chers leaders, pour être puissants, soyez doux.

Dans cette idée d'ouverture, il y a aussi le nécessaire partage de l'information et de la circulation de celle-ci, qui rend la structuration pyramidale inopérante, même s'il convient de conserver des espaces de décision qui manquent, un peu, dans les schémas de l'entreprise libérée. Informations sur l'état des lieux des carnets de commandes, mais aussi plus globalement sur les résultats RSE ou sur les actions concrètes mises en place pour rendre concrète et effective la raison d'être.

Reste une interrogation : *quid* de la question épineuse de l'argent. Comment ce sujet doit-il être abordé au sein de l'entreprise ? La solution idéale est difficile à trouver. Cependant, il semble désormais entendu que la possibilité de garder l'ensemble de la grille de rémunération secret et de pratiquer une forme d'omerta sur la question n'est plus tenable. Surtout, les écarts trop importants de rémunération sont à la source d'un délitement de l'intérêt collectif de l'entreprise et peuvent constituer une forme de non-ouverture, en ce sens que si le leader gagne, comme cela est parfois le cas, vingt fois plus que le plus bas niveau hiérarchique, alors il est ensuite difficile de parler de sens commun. Le propos ici n'est pas de niveler l'ensemble des rémunérations et la conviction profonde est que cette rémunération doit aussi permettre de récompenser les efforts, l'implication, le travail et la capacité à se dépasser d'une collaboratrice ou d'un collaborateur. Toutefois, il est crucial d'être transparent, si ce n'est sur les montants, sur les écarts de salaires en fonction des différents niveaux de responsabilités sans pour autant que ces derniers ne soient trop nombreux, sinon cela recrée une forme d'opacité dans la rémunération. Chez Entreprise & Progrès, le *think tank* que j'ai l'honneur de présider, nous avons longuement réfléchi sur ces problématiques. D'abord, il apparaît comme un point d'accord que l'écart ne doit pas être plus important que de 1 à 8, pour garder une soupape d'évolution intéressante, ainsi qu'une réalité globalement partagée entre le haut et le bas.

Au-delà de cette question de l'écart, d'autres questions doivent être portées par le leader pop. Et notamment celle de l'indexation des rémunérations variables des dirigeants sur des critères extra-financiers liés à l'environnement ou d'autres marqueurs dits RSE. En avril dernier, l'ONG Oxfam dénonçait dans un rapport intitulé « Salaires du CAC40 : la Bourse ou le climat ? »[1], paru en avril 2021, la propension des salaires des dirigeants à inciter au court terme, et ce au détriment du climat. En 2019, par exemple, un PDG du CAC40 gagnait en moyenne 5,5 millions d'euros, dont plus de 67 % de la somme étaient basés sur l'atteinte d'objectifs financiers à court terme, et seul 9 % de cette rémunération étaient liés à un objectif non financier de long terme. C'est dans ce sens que l'eurodéputé Pascal Canfin et une vingtaine de dirigeants[2] ont récemment appelé la Commission européenne à conditionner la rémunération variable des dirigeants à la réalisation d'objectifs environnementaux, sociaux et de soutenabilité de façon globale. L'objectif : privilégier au sein des entreprises la création de valeur durable, à long terme, et non se cantonner aux aspects financiers à court terme. En imposant une part variable de la rémunération des dirigeants indexée sur des objectifs de soutenabilité, les bonus ne seront plus seulement liés à la performance financière

1. La rapport complet d'OXFAM est disponible ici : <https://www.oxfamfrance.org/wp-content/uploads/2021/04/Note_Oxfam_Remunerations_PDG_CAC40_27avril2021.pdf>.

2. La lettre de Pascal Canfin et des autres parlementaires européens est disponible ici : <https://www.actu-environnement.com/media/pdf/news-39101-Letter-Remuneration-of-executive-directors-must-be-linked-with-sustainability.pdf>.

et au court terme. Pourquoi ne pas imaginer que les rémunérations des collaborateurs puissent aussi s'indexer à des actions concrètes pour être plus incitatives encore.

Le retour de l'inflation s'il dure rendra cette question plus prégnante encore. Quoi qu'il en soit, dans le cadre du phénomène de « grande démission », la question du salaire rejoint un ensemble de préoccupations. Aussi, augmenter les salaires, oui, notamment pour suivre la baisse du pouvoir d'achat, mais cette mesure doit s'accompagner d'une plus grande attention portée sur les conditions de travail des collaborateurs. Aménagement des horaires pour les rendre plus souples, choix du lieu de travail, formations, avantages sociaux (soins de santé, garde d'enfants, primes, remboursement des frais de scolarité), meilleur équilibre entre vie personnelle et vie professionnelle..., de nombreuses pistes existent pour maintenir l'attractivité d'un poste.

D'autres leviers impliquant la rémunération se développent et s'avèrent bien plus disruptifs. Certaines entreprises, en particulier des startups, proposent, en effet, à leurs salariés de fixer eux-mêmes leur salaire. Un moyen de les responsabiliser et de leur faire prendre conscience de leur valeur, de les engager pleinement dans le développement de leur vie professionnelle.

Devenir chef d'orchestre, enfin, cela veut aussi dire pour le leader de cultiver une capacité importante à ouvrir les portes de l'entreprise. À les ouvrir non pas pour le symbole, mais, au contraire, pour réussir à impliquer l'environnement de l'entreprise, autrement dit ses parties prenantes.

6
Ouvrir un nouveau dialogue avec les parties prenantes, ouvrir la gouvernance

> « Au fond, nous sommes tous des êtres collectifs. Tous, nous devons recevoir et apprendre autant de ceux qui étaient avant nous que de nos contemporains[1]. »
>
> GOETHE, philosophe

« Gouvernance, Gouvernance, Gouvernance. » Le mot est partout. Les uns et les autres s'agitent comme des cabris sur leurs chaises en espérant que la simple déclamation du mot fera advenir les choses. Or, depuis le général de Gaulle, chacun sait qu'il ne suffit justement pas de s'agiter sur sa chaise comme un cabri pour que ce que l'on souhaite prenne forme. Il s'agit donc, ici, de manier le mot

---

1. Goethe, *Les Souffances du jeune Werther*, Paris, Gallimard, 1973 [1774].

de « gouvernance », devenu mot-valise, qui mélange tout et son contraire avec prudence ou du moins en en redéfinissant, en leader pop que nous sommes, les contours. En en précisant les contours, et aussi en les élargissant.

Il faut dire que cette notion de gouvernance n'est pas toute jeune. C'est au mitan des années 1970 que cette idée s'est peu à peu imposée dans l'ensemble des milieux économiques. Depuis, le cœur de la gouvernance s'est focalisé sur les relations entre le conseil d'administration, agissant dans l'intérêt strict des actionnaires, avec un dirigeant et une équipe de direction en charge de mettre en œuvre la stratégie.

La gouvernance au milieu du gué

Ainsi, l'essentiel des réflexions a porté sur la manière dont les administrateurs contrôlent et incitent le dirigeant à agir dans l'intérêt des actionnaires, c'est-à-dire en accroissant la valeur économique totale de l'entreprise. Une vision théorisée par Jensen & Meckling[1] (1976) dans la lignée de la pensée de Milton Friedman, pour qui la responsabilité principale

1. Michael C. Jensen et William H. Meckling, « Theory of the firm Managerial behavior, agency costs, and capital structure », *Journal of Financial Economics*, vol. 3, n° 4, octobre 1976, p. 305-360.

de l'entreprise est de générer des profits. La réalisation de profits est en l'espèce la marque de l'utilité de l'entreprise. Et la clé de l'accroissement de la valeur économique totale de l'entreprise réside dans l'alignement entre les intérêts pécuniaires des dirigeants et ceux des actionnaires, en recourant à des mécanismes d'incitation financière des dirigeants à la création de valeur actionnariale.

Durant les années 1990, suite à la chute de l'Union soviétique et en parallèle des réflexions sur les différentes formes de capitalismes (Michel Albert[1], Hall et Soskice[2]), des travaux académiques s'attachent à développer une approche élargie de la gouvernance (Charreaux[3] en France, Larcker et Tayan[4] aux États-Unis), qui inclut, au-delà des incitations financières offertes aux dirigeants, leur employabilité, l'activisme financier sur les

1. Michel Albert, *Capitalisme contre capitalisme*, Paris, Seuil, 1991.
2. Peter Hall et David Soskice, « Les variétés du capitalisme », Association recherche et régulation (dir.), *L'Année de la régulation n° 6 (2002-2003). Économie, institutions, pouvoirs*, Paris, Presses de Sciences Po, 2002, p. 47-124.
3. Gérard Charreaux (dir.), *Le Gouvernement des entreprises. Corporate governance. Théories et faits*, Paris, Economica, 1997.
4. David Larcker et Brian Tayan, *Corporate Governance Matters*, New York, Pearson, 2015.

marchés, les institutions régionales (droit de la concurrence, antitrust…) ou encore la sphère publique de la réputation de l'entreprise. Dans ce contexte, la vision proposée par la « théorie des parties prenantes » initiée par E. Freeman dès 1984 a pris une ampleur certaine. L'entreprise y est redéfinie dans ses rapports d'affaire directs et indirects avec l'ensemble des acteurs qui sont impactés par l'activité de l'entreprise. Malgré certaines limites (qui sont les parties prenantes ? comment délimiter et mesurer l'impact de l'entreprise ?), cette vision plus ouverte de l'entreprise, bien au-delà des seuls liens entre les actionnaires et les dirigeants, a contribué à repenser les pratiques de gouvernance de nombreuses entreprises.

Par ailleurs, dans les deux dernières décennies, de nombreuses crises de gouvernance ont amené entrouvrir la « boîte noire » de la gouvernance des entreprises. Depuis Enron, Vivendi, Tyco, UBS, VW ou Wirecard, les réalités économiques et sociales dues aux défaillances d'entreprises emblématiques ont conduit à installer de nouvelles règles de gouvernance. La liste est longue seulement en France : rapports Vienot (1995 et 1999) pour une « mutation en douceur des conseils d'administration », le code AFEP-Medef, les réglementations sur les administrateurs salariés, la féminisation des conseils, la loi sur le devoir de vigilance, les incitations sur la séparation présidence/direction générale, les formations des administrateurs, pour en citer quelques-unes. La liste pourrait être très longue et s'apparenter à un catalogue La Redoute.

Quoi qu'il en soit, l'accélération des réformes témoigne de l'importance accrue que la gouvernance d'entreprise occupe non seulement au sein des entreprises ou entre les dirigeants des entreprises et les actionnaires, mais entre les entreprises et la société entendue au sens le plus large qui soit, c'est-à-dire incluant l'environnement de l'entreprise, à savoir potentiellement la planète entière. De sorte que l'adage friedmanien se retourne : ce n'est plus parce que l'entreprise est profitable qu'elle est utile, c'est parce qu'elle est utile qu'elle est profitable.

De façon concomitante, l'enjeu du développement durable s'est imposé progressivement pour les plus grandes entreprises à l'agenda des conseils depuis le début des années 2000. En France, la loi NRE (2001) a installé la responsabilité sociale des entreprises comme un marqueur de l'activité. En 2019, la loi PACTE a réécrit l'article 1833 du Code civil pour souligner que chaque entreprise ne peut s'exclure de l'environnement naturel et humain dans lequel elle inscrit son activité. Aussi :

> « Toute société doit avoir un objet licite et être constituée dans l'intérêt commun des associés. La société est gérée dans son intérêt social, en prenant en considération les enjeux sociaux et environnementaux de son activité. »

L'engagement, récent, des grands acteurs financiers conduit à une généralisation de la prise en compte de critères extra-financiers structurés autour des piliers que sont l'environnement, le social et la gouvernance (ESG). Dans ce cadre, la gouvernance (G) apparaît comme un élément essentiel pour une performance globale et durable (E et S) et comporte de nombreuses dimensions depuis la constitution des conseils, leurs prérogatives et celles de comités afférents, l'éthique des affaires, les relations avec les parties prenantes, dont les fournisseurs et les clients, l'organisation dont la cybersécurité et les contrôles internes, l'innovation, la réputation et les marques. Dans un avenir proche, certainement déjà déclenché, on peut prévoir un big bang en matière de gouvernance. Ce big bang consiste à penser une gouvernance qui fait entrer la société dans les entreprises. Reste que cette entrée doit se faire de manière effective et non seulement déclarative. La dernière crise de gouvernance en date, toute proche de nous concerne Orpea, évidemment. Illustration même de l'adage gaullien qu'il ne suffit pas de déclarer pour faire. Alors que le fonds Sycomore AM, propriétaire majoritaire de la structure, déclare par exemple sur son site avoir « une approche d'investissement responsable fondée sur le dialogue avec les entreprises de son univers et le tout dans une perspective de progrès ». Problème : l'enquête du journaliste Vincent Castanet

(*Les Fossoyeurs*[1]) montre les limites d'un engagement qui paraît bien être qu'un ravalement de façade marketing, plus qu'une réalité tangible. Les faits sont simples : s'appuyant sur des témoignages recueillis notamment dans l'Ehpad de Neuilly-sur-Seine, le journaliste met en lumière des actes de maltraitance et de dénutrition alors même qu'Orpea est une des sociétés les mieux notées par les agences ESG et qu'elle annonce officiellement un taux de satisfaction de ses clients de 95 %… Hiatus quand tu nous tiens.

Devant ce scandale, la direction a crié aux accusations mensongères, tandis que l'action, elle, a chuté de plus de 70 % en quelques jours. Au-delà de cette affaire Orpea, un grand débat national sur la fin de vie et la dépendance est en train d'émerger. Quel rapport avec la gouvernance ? Il est multiple. D'abord, comment se fait-il qu'il ait fallu une enquête journalistique pour que la direction d'Orpea soit interrogée sur la façon dont elle organisait l'accueil et le soin des personnes âgées ? Une gouvernance trop pyramidale, bien loin d'une gouvernance en relation et en discussion avec les parties prenantes. Une grande opacité et des critères de rentabilité trop importants. De quoi largement, dans ce cas, comme dans de nombreux autres, questionner non seulement les notions d'ESG,

1. Vincent Castanet, *Les Fossoyeurs*, Paris, Fayard, 2022.

mais aussi et surtout inviter tout le monde à vouloir d'autres formes de gouvernance. Pour qu'un dialogue existe, mais aussi, et surtout, pour que des garde-fous émergent de ces discussions.

L'exemple récent de la convention citoyenne pour le climat a aussi été l'occasion de montrer ce qu'un décideur qui choisit de faire appel à l'« open gouvernance » ne doit pas faire. Voici donc 150 citoyens tirés au sort pour formuler – après avoir écouté des scientifiques, des climatologues, et/ou des spécialistes des questions environnementales – 149 propositions de réformes concrètes, plutôt consensuelles, même si difficiles, à qui un décideur a finalement dit qu'il serait le seul arbitre des mesures à adopter après leur avoir promis l'inverse. Dans cette intuition de la convention citoyenne, il y a tout de l'« open gouvernance », hormis l'idée de la considération et de la co-construction réelle des solutions. Espérons que les enseignements en auront été tirés pour le nouveau comité consultatif du quinquennat.

Bienvenue dans l'« open gouvernance »

De nombreux penseurs et auteurs ont tenté d'élaborer des théories de la gouvernance et chacune peut avoir ici ou là un intérêt pour mieux diriger son entreprise. Ce que nous tentons, dans ces lignes, de défendre est plutôt une culture de l'état d'esprit que du manuel clé en main. Aussi l'idée d'« open gouvernance » n'est pas, et surtout ne se veut pas, un modèle duplicable en tous lieux.

Dans ce nouvel état d'esprit, plusieurs choses importantes : se rappeler, toujours, que cette « open gouvernance » n'est pas une agora sans règles et totalement perméable, mais, au contraire, une organisation structurée, qui garantit que les décisions soient pleinement et justement informées. *Exit* donc la démocratie participative façon Twitter où tout le monde parle, mais où personne n'agit. Bonjour à une gouvernance ouverte au sein de laquelle l'organisation permet une prise de décision une fois les points de vue entendus. La délibération comme source d'action, en somme.

Assurer de la transparence est le deuxième axe qui guide l'« open gouvernance », telle que nous l'envisageons ici. Cependant, cette transparence n'est pas une transparence radicale, mais plutôt une responsabilité d'information dans une logique de « *voluntary disclosures* », c'est-à-dire d'éléments utiles à la prise de décision et aux interprétations sur les choix de l'organisation. De l'information qui déclenche l'action. Pour aller gagner un marché, pour éviter une crise ou pour profiter d'une opportunité de business. Clairement, ce type de transparence, qui, dans la recherche et dans le partage d'information, aurait pu, peut-être, permettre à Orpea d'arrêter les errements avant l'explosion de la crise.

Dans cette nouvelle forme d'organisation de l'entreprise, tournée vers l'ouverture, il y a toujours une tendance à refermer quand même un peu les fenêtres, tant le culte du secret et de l'opacité est un des éléments constitutifs du capitalisme à l'ancienne. Nous croyons, au contraire, qu'il convient de prôner une ouverture toujours plus grande. Aussi, la gouvernance n'est pas seulement ouverte aux différentes parties prenantes, en privilégiant les parties constituantes de l'écosystème de l'entreprise, mais également aux différents enjeux économiques, sociaux, environnementaux et sociétaux. La fameuse insertion de l'entreprise et de son business dans quelque chose qui la dépasse et qui, surtout, dialogue et résonne avec elle.

État d'esprit toujours, car, dans l'approche de l'« open gouvernance », nous croyons réellement qu'il convient à tout prix d'éviter de rendre cette discussion permanente et féconde prisonnière d'une structure monolithique et institutionnalisée. Au contraire, il convient de lui inventer en permanence un terrain d'innovation en tant que tel. En effet, dans notre esprit, la gouvernance est un élément essentiel de l'identité de l'entreprise et doit ainsi être singulière. Singulière et donc adaptée à chaque structure. Ce qui compte ici, c'est la volonté de faire plus que la façon dont on le fait.

L'« open gouvernance » est une dynamique, un mouvement, une façon de mouvoir l'entreprise dans le monde.

L'objection qui revient souvent dès qu'il s'agit de gouvernance plus ou moins ouverte où l'on a accordé plus ou moins de place à la parole diverse et variée, c'est que ces instances ne remplissent qu'un seul et unique rôle : celui de la captation d'écoute. Cela est la version soft du reproche. La version plus féroce est d'affirmer qu'en captant cette écoute les entreprises tentent de se racheter une virginité et pratique une forme de « parties prenantes *washing* ». Là encore, tout dépend de la façon dont cette « open gouvernance » est pratiquée et de la façon dont elle est mise en musique par l'entreprise. Est-ce un lieu de déversement de la parole, ou au contraire cela est-il mû par la volonté d'écoute, mais aussi une logique de rencontres, de capacité à se confronter et à manager l'altérité pour faire émerger, par l'échange, du neuf et ainsi de la capacité de changement ?

Enfin, dernier aspect qui paraît crucial dans cette approche ouverte de la gouvernance est de confirmer et d'affirmer clairement qu'elle ne constitue pas une remise en cause des pouvoirs décisionnels au sein de l'entreprise, mais plutôt une dynamique pour aboutir à des « pouvoirs mieux éclairés », conscients des enjeux internes à l'entreprise et ouverts sur son environnement.

De la hiérarchie des parties prenantes à l'équilibre des parties prenantes

Le dernier aspect qu'il convient d'avoir toujours à l'esprit lorsque l'on réfléchit et que l'on souhaite ouvrir la gouvernance de l'entreprise aux parties prenantes est d'opérer un changement de paradigme.

Depuis longtemps, la majorité des leaders qui ont choisi de se placer dans cette voie ont toujours raisonné (et c'est logique puisque cela constituait la demande et l'offre) selon une hiérarchie des parties prenantes. Clients, collaborateurs, actionnaires, institutions, ONG, etc. Chacun tentant de mettre les clients en tête, tout en se souvenant de l'importance des actionnaires, mais en n'oubliant pas l'expérience collaborateur, le lien avec les institutions ou les ONG. Bref, dans la mise en hiérarchie, il y a toujours des lésés, des mécontents et l'émergence d'une concurrence, d'une compétition, voire d'un affrontement, qui, si elle peut être stimulante sur le moyen terme, devient profondément néfaste sur le moyen et le long terme. D'une intention louable, intelligente et bénéfique sort finalement une forme de déception permanente. De quoi vacciner tous les leaders de la mise en dialogue de leurs différentes parties prenantes.

J'ai souvent entendu cette objection de la part de tous les types de leaders, tous pourtant convaincus de l'intérêt de la démarche.

Changer de paradigme donc. En passant de la hiérarchie des parties prenantes à l'équilibre des parties prenantes. De la pyramide au cercle, en somme, comme dans l'organisation même de l'entreprise d'ailleurs. Passer de la hiérarchie à l'équilibre n'est pas un simple slogan. Là encore, cela constitue un changement d'état d'esprit, avant ensuite de mettre en place des actions concrètes. Reste à savoir comment écrire la partition.

Cette idée d'équilibre qui viendrait donc mettre l'ensemble des parties prenantes sur un pied d'égalité autour d'un projet d'entreprise s'insinuait peu à peu dans mon esprit et dans celui de mes équipes sans que nous trouvions réellement la mise en musique tangible, lorsque je fis la rencontre d'un nouveau client, directeur général adjoint d'une grande banque hexagonale, en charge du projet groupe. « En charge du projet groupe. » La première fois que j'ai entendu ce titre énigmatique, j'étais profondément décontenancée, car il résonnait comme ces intitulés ronflants remplis de vide. Quelle erreur ! La discussion avec ce client a été très éclairante, en ce sens qu'il m'expliqua son job en commençant par me dire une chose : « Je refuse la hiérarchie des parties prenantes », avant de détailler l'ensemble du dispositif. « Directeur du projet groupe », cela veut dire rendre possible la mise en musique du projet collaborateur, du projet client et du projet sociétal, sans que l'un ne prenne le pas sur les autres et qu'au contraire ils vibrent tous en harmonie. Et ce dernier de me donner tout un tas d'exemples, du plus anodin au plus révélateur, qui démontraient la façon dont il assurait cet équilibre concret de ses parties prenantes. Parmi ceux-ci : les frais de dysfonctionnement. Chaque banque et chaque agence bancaire prélève des frais aux clients lorsque ceux-ci sont à découvert. Évidemment, le client vit cela de façon désagréable, le collaborateur, qui est l'acteur du prélèvement, également, et, en fin de compte, c'est tout le projet sociétal de l'entreprise en question qui entend aider les clients « à se prémunir contre les aléas et à prévoir sur le long terme » qui s'en trouvait lui aussi malmené. L'un des chantiers menés par le DGA en charge du projet groupe fut de rendre cette procédure plus transparente, plus intelligente et plus fine. Ainsi, il a été décidé de ne plus prélever à chaque incident mais une seule fois – ce qui constituait un manque à gagner pour la banque – et de mettre en place un système d'alerte des clients avant l'échéance du découvert. Cette mesure, qui peut sembler anodine, est bonne pour le client, qui est pris en considération, bonne pour les collaborateurs, qui ne sont plus perçus comme des rapaces venant prélever une dîme sur le client, et bonne pour le projet global de l'entreprise, qui accompagne les clients et les aide à se prémunir contre les aléas. Alors que cette mesure est très récente, 39 % des agences ont d'ores et déjà adopté cette nouvelle logique.

Tout cela n'est pas anodin. Tout cela illustre la possibilité d'un équilibre. Chacun aura évidemment noté que, dans l'exemple, il n'est nullement question d'actionnaires. Cela tenant à la forme particulière de cette entreprise, mais qu'est-ce qui empêche d'imaginer un tel équilibre avec des actionnaires, des ONG et d'autres parties prenantes inhérentes au secteur économique de chaque société ? Le chemin est devant nous. Certains l'empruntent déjà avec une réussite certaine. Et avec une philosophie nouvelle : l'équilibre plutôt que la hiérarchie. Philosophie pop s'il en est !

Dans la rencontre, riche, avec ce leader pop, un autre enseignement : la culture de la singularité ou de l'atypisme comme outil d'une réussite. Avant de devenir DGA, ce leader a commencé au guichet de la banque en question avant d'en gravir, un à un, tous les échelons. Dans sa mise en musique actuelle du « projet groupe », cette singularité est évidemment un atout, dans ce sens qu'elle lui permet de discuter avec toutes les strates de l'entreprise, puisqu'il les a connues. L'idée ici n'est évidemment pas de faire de ce parcours une règle absolue, mais d'en tirer la substantifique moelle : les profils atypiques sont des atouts, puisqu'ils portent en eux une approche pop de la vie.

7
Ouvrir les portes aux hybrides et aux atypiques. Refonder les ressources humaines

« Plus l'univers se standardise, plus la singularité m'intéresse[1]. »
CLAUDE SAUTET, cinéaste

Nous sommes tous Vincent Anton Freeman

Connaissez-vous Vincent Anton Freeman ? Son nom ne vous dit peut-être pas grand-chose. Peu importe. Voici son histoire : celle d'un individu qui ne correspondait pas aux codes de son monde et qui était prédestiné à ne rien accomplir, si ce n'est ce qui avait été prévu et envisagé pour lui par la médecine, la société et les canons de ce que les autres attendaient. Pourtant, Vincent Anton Freeman a un rêve : celui de devenir astronaute. Alors

1. Citation extraite du film *Nelly et Monsieur Arnaud*, 1995.

de son « handicap », des routes barrées, il va tirer profit. Mieux, il va même prendre le système à son propre piège pour en devenir l'un des acteurs, voire l'un des meilleurs acteurs. Finalement, Vincent Anton Freeman réalise son rêve et devient astronaute. Mieux encore, son action, sa volonté, son atypisme par rapport à la norme devient une source de réflexion et même, pour certains, un exemple.

Vincent Anton Freeman est un personnage de fiction. C'est le nom du héros du film d'Andrew Niccol *Bienvenue à Gattaca*[1]. Dans ce film d'anticipation, il est question d'un monde où tout est régi par le patrimoine génétique des individus, et où il ne fait pas bon être conçu par « accident », c'est-à-dire de la façon normale, car cela rend le patrimoine génétique trop incertain. Ainsi, les futurs parents font appel à des généticiens pour qu'ils prélèvent chez eux seulement les meilleurs gènes. Dans cette société eugénique, Vincent Anton Freeman n'a pas vraiment sa place puisqu'il a été conçu normalement et pourtant il la gagne.

Gagner sa place dans un monde qui ne veut pas de nous. Voilà une épreuve que tous les atypiques ont, un jour, connu dans notre monde, où les diplômes importent souvent plus que les compétences, où les employeurs ont très souvent tendance à se rassurer en embauchant des collaborateurs qui leur ressemblent et dont ils

1. Andrew Niccol, *Bienvenue à Gattaca*, 1997.

se disent qu'ils ne viendront pas « chambouler » l'équilibre de l'entreprise, et où le mimétisme semble vouloir l'emporter sur l'originalité.

Il serait aisé de trouver l'exemple de Vincent Anton Freeman exagéré. « Nous ne sommes tout de même pas des clones », pourrait être l'argument massue pour faire taire la réflexion entamée ici sur la nécessaire refondation de nos pratiques de ressources humaines. Et pourtant, dans la métaphore, le cas de Vincent Anton Freeman est tout à fait intéressant. Dans son monde, il est question d'ADN qui doit être parfait. Dans le nôtre, ce sont les *cursus honorum* scolaires qui comptent. HEC plutôt que l'ESSEC, Sciences Po plutôt que l'université, etc. Dans son monde, la vulnérabilité de son ADN d'humain vis-à-vis des ADN parfaits de chacun des autres. Dans le nôtre, l'échec qui est envisagé, perçu, ressenti comme une tache indélébile sur un parcours. Arrêtons ici la comparaison.

Osez l'hybridation

La conviction acquise auprès des innombrables clients accompagnés et qui m'ont confié leurs réussites et leurs échecs de recrutement, mais aussi et surtout tout au long de quinze années, où la recherche de talents pour les entreprises que j'ai dirigées fut l'une de mes prérogatives, est limpide : le rôle du leader pop de demain sur la question du recrutement est de rendre possible l'avènement de profils hybrides.

Dans un essai récent au titre évocateur *Tous centaures ! Éloge de l'hybridation*[1], la philosophe Gabrielle Halpern ausculte la façon dont l'approche hybride est aujourd'hui l'un des atouts de la réussite, des entreprises comme individus. Dans la société liquide actuelle, ce qui est en crise, c'est notre rapport avec ce qu'il convient de faire. Et Halpern d'avancer qu'il s'agit de quitter nos vieilles habitudes de classification et d'étiquetage. Il faudrait arrêter de vouer un culte à l'identité et à l'équivalence. Ce qu'elle nous dit, c'est que nous avons tout à gagner à l'apprivoiser l'hybride, car ce qui ne rentre pas dans une case nous rend meilleur et plus intelligent. Surtout en nous remontant en question, cela nous invite à l'humilité et donc à devenir plus agile encore. Inutile de préciser à quel point cela peut être un atout dans un collectif d'entreprise. En résumé : l'hybride est une véritable opportunité.

Ainsi, il convient d'hybrider les processus de recrutement, de permettre l'émergence de profils que l'on n'attendait pas et d'en faire aussi des exemples dans l'entreprise comme dans la société au sens large pour qu'ils suscitent des

1. Gabrielle Halpern, *Tous centaures ! Éloge de l'hybridation*, Paris, Le Pommier, 2020.

vocations. Ces dernières années, j'ai beaucoup cultivé cette approche des RH. Je l'ai cultivée en abordant mes entretiens de recrutement comme des rencontres, avec pour approche l'idée de savoir non pas quels étaient les diplômes ou les expériences professionnelles du candidat ou de la candidate, mais bel et bien de déceler et de lui/la faire parler de ses talents, de ses passions, de ses engagements et de tout ce qui la met en mouvement. Récemment, une collaboratrice avec qui j'avais travaillé dans le passé, lors d'un échange autour d'un café, alors qu'elle me narrait les différentes étapes de son parcours professionnel, m'a déclaré un poil dépitée : « Je ne rentre dans aucune case. » J'ai tout de suite su que j'allais faire en sorte de l'embaucher. Parce que son talent est justement de ne rentrer dans aucune case, mais de pouvoir répondre à toute une kyrielle de clients. Pour intégrer ces profils atypiques, il convient d'envisager donc l'entretien d'embauche comme une rencontre et aussi de compléter l'impression de la rencontre par un entretien plus traditionnel qui est, à ce moment-là, réalisé par une ou un autre des leaders de l'équipe. Cela afin de vérifier les compatibilités. Cependant, dans la pratique quotidienne, je m'aperçois que la rencontre l'emporte sur tout. C'est-à-dire que de par les sensations de la rencontre, je sais si oui ou non les choses peuvent se faire et surtout devenir efficaces. Je sais par exemple que l'un de mes collaborateurs les plus proches est l'archétype même de la personne dont le cerveau ne rentre dans aucune case. Il est à la croisée de l'intelligence économique, de l'activisme RSE, du planning stratégique et du conseil. Il est hybride. Profondément. Rien, pourtant, ne pourrait me conduire à me passer de ses compétences.

Entreprise miroir du monde

Dans cette dynamique, il y a des ratés. Plus jeune, je me suis trompée. Parce que j'ai trop fait confiance à l'instinct et que la personne recrutée n'a jamais réussi à se mettre, un tant soit peu, dans la logique de l'entreprise et des clients. Pari raté, mais pari tenté. En cultivant cet éloge de l'hybride, le leader pop s'inscrit dans le mouvement du monde. Dans cette idée que l'entreprise doit être le miroir de ce qui se déroule dans la société. Le mot « inclusif » est devenu ces dernières années le vocable pour désigner cette idée de rendre l'entreprise plus bigarrée des différences humaines. Étonnamment, c'est un mot qui enferme, en ce sens qu'il oblige à inclure. Sans laisser au recrutement la possibilité de la créativité. Cependant, cette logique guide aussi ce qui meut les leaders pop dans l'acte de recruter.

Changer nos façons de recruter, donc. Mais modifier aussi l'approche que nous entretenons dans la question de l'évaluation des collaborateurs. Une forme d'hégémonie du process et de la technologie est en train de gagner cette question de la « gestion de carrière ». Évaluation à 360°, système de cases à remplir pour savoir si l'on est satisfait ou non au travail, etc. Je me souviens de moments épiques, chez Edelman, où le processus et la technologie guidaient les entretiens d'évaluation. Où il ne fallait ni être trop satisfait, ni trop critique, sous peine de faire baisser ou de faire monter outrageusement la note globale du bureau français et donc s'attirer les regards jaloux ou amusés des concurrents. Surtout, dans cette approche, il y avait une forme de perte de l'humain. D'oubli des spécificités, des envies, des talents de chacune et chacun. De dilution de l'idée de bien-être au travail, qui disparaît dans une forme de conformisme guilleret et de coolitude uniformisée. Dans ce culte du bonheur au travail, il y a une forme d'infantilisation des individus. Faire du bonheur au travail la finalité de la mission RH global est finalement le plus sûr moyen de le rater. En effet, quand le bonheur surgit-il ? Quand nous rencontrons quelqu'un, quand nous réussissions une action, etc. Pas de façon irrévocable et en permanence. Le bonheur, que ce soit au travail ou ailleurs, est plus une conséquence de l'action qu'une condition de celle-ci.

Dans la recherche de sens, dans la capacité d'écoute des collaborateurs, l'action du leader pop doit donc suivre trois grandes lignes. Faire du recrutement une rencontre plus qu'une audition. Ce que nous pourrions résumer d'une formule : recruter des talents plutôt que des CV. Demain, peut-être recruterons-nous des juristes-développeurs, des commerciaux-philosophes, des managers-designers ou encore des artistes-ingénieurs. Parce que les talents seront là et que la liquidité et la complexité du monde nécessitent que les collaborateurs de demain puissent non pas simplement être spécialistes d'une seule chose, mais, au contraire, de pouvoir multiplier les possibilités. Dans cette nouvelle dynamique du recrutement, ce qui compte, c'est plus l'être que le faire.

Il convient aussi, pour le leader de l'entreprise de demain, de rester attentif à ce que son entreprise ressemble au monde, mais qu'elle n'en soit pas pour autant une copie conforme. Sous peine de tomber dans une autre forme d'uniformisation.

Il est souhaitable, enfin, que, dans l'approche ouverte du recrutement, le leader pop envisage la gestion de carrière non pas comme un *cursus honorum* et comme une recherche du bonheur permanente, mais plutôt comme une forme de discussion d'égal à égal avec le collaborateur pour imaginer avec lui ou avec elle les contours de l'évolution du poste ou des missions. Cette méthode a pour avantage non négligeable de co-construire avec le collaborateur son parcours. Pour que chacun s'y retrouve. Bien plus que du bonheur au travail, cela constitue de la considération, de l'individualisation, tout en gardant à l'horizon et à l'esprit le but global de l'entreprise.

S'entourer de meilleurs que soi

Enfin, la dernière chose qui paraît cruciale et importante pour le leader pop et qui lui permettra de faire la différence, c'est sa capacité à accepter de s'entourer de personnalités qui sont meilleures que lui. Ce point constitue sans aucun doute l'évolution la plus complexe concernant la dimension RH. Compliquée en ce sens que cette idée ne colle pas véritablement avec l'image du chef éculée, qui prévaut encore dans de nombreuses entreprises et dans de nombreux esprits. Image qui veut que le chef soit chef parce qu'il est le meilleur et qu'il est le plus fort. Fort en mathématiques et en tableur excel, mais aussi fort en RH et en marketing, et enfin fort en vision. Le chef omniscient qui, de par son omniscience et ses qualités, doit forcément être le meilleur. Cette antienne reste encore bien présente dans les collectifs d'entreprise. Et pourtant, Machiavel dans *Le Prince* au XVIe siècle[1] déjà nous enseignait que l'intelligence d'une personne se mesure aux nombres de personnes intelligences dans son entourage.

1. Nicolas Machiavel, *Le Prince*, 1532.

« Le premier jugement qu'on fait d'un Prince et de son esprit est fondé sur les gens qui l'approchent : lorsqu'ils ont de la conduite et de la fidélité, le maître est sans doute prudent parce qu'il a su les choisir et les conserver fidèles. Mais s'ils ont des qualités contraires à celles-là, on jugera toujours mal le Prince, dont la faute la plus capitale est le choix de méchants ministres ».

Avec les mots de son époque, Machiavel soulignait donc déjà le besoin du leader de savoir s'entourer d'intelligence supérieure à la sienne. Pour que le projet global avance et qu'il « arrive à ses fins », puisque c'est aussi l'un des champs que Machiavel étudiait.

Aussi, le travail que les leaders pop ont à mener est double. D'abord, apprendre à dire « je ne sais pas » et « tu es plus compétent que moi sur cette question, aussi je te fais confiance » à un collaborateur ou une collaboratrice. Ensuite, et surtout, être capable et avoir pour but de s'entourer de personnalités qui sont, objectivement, meilleures que lui dans tous les domaines. Le rôle d'un chef n'est pas d'être le premier, mais au contraire d'être un guide pour que les talents de chacun et chacune puissent s'exprimer le plus pleinement possible. Son rôle n'est pas d'apparaître comme celui qui sait, mais au contraire comme celui qui est capable d'arbitrer, car il a en tête l'horizon, le projet global de l'entreprise. Son rôle n'est pas de dire ce qui doit être, mais d'écouter et de faire une synthèse de l'ensemble pour pouvoir, non pas contenter tout le monde, mais modeler la problématique eu égard au projet d'entreprise.

Si je tirais le trait, je pourrais écrire que le « chef doit être le plus mauvais » d'entre tous. Mauvais, au sens où il ne doit pas être le meilleur sur les chiffres, les problématiques RH etc., mais au contraire le meilleur sur l'intangible, sur le lien entre les gens, sur la perception de l'entreprise, sur la capacité à donner envie de la mer pour l'ensemble des collaborateurs. Son rôle, donc, est de se doter des meilleures compétences autour de lui pour justement pouvoir se consacrer à l'incarnation du projet d'entreprise et à la meilleure façon de le faire partager. Aux collaborateurs, ainsi qu'à l'ensemble des parties prenantes.

Un doute ? Dans un récent sondage réalisé par le cabinet Michael Page auprès des salariés[1] pour connaître leurs attentes par rapport à leurs managers, ce qui était majoritaire était qu'ils désiraient avoir un « leader inspirant ». 54 % des salariés donnant cette réponse en premier, devant le besoin de considération.

1. Le sondage Michael Page sur les salariés et leurs dirigeants est là : <https://www.michaelpage.fr/advice/entreprises/management-equipe/les-salari%C3%A9s-veulent-des-managers-leaders>.

Comme quoi, si le leader est capable d'inspirer alors les collaborateurs sont satisfaits. Ils ne veulent pas du meilleur, mais du plus inspirant. Voilà qui correspond en tous points à l'idée que nous pouvons nous faire du leader pop de demain. Un créateur, un pivot, qui permet à chacune et chacun de se mettre en mouvement, un organisateur qui sait avant les autres, grâce à la possibilité de l'intuition qu'il cultive, grâce au temps gagné sur le reste, sur quelles compétences il faudra mettre l'accent pour gagner des marchés ou un appel d'offres. Bref, en un mot comme en cent, ne soyons pas les meilleurs, mais les plus inspirants et humbles, c'est ainsi que nous deviendrons les meilleurs.

III
P… Politique

Pour la première fois, dans un livre d'une entrepreneuse qui s'intéresse au leadership, vous lirez une telle idée : il est temps de réhabiliter le politique.

Le politique, au sens de capacité à embarquer les gens derrière soi, à assumer le pouvoir inhérent à une charge et à brosser l'avenir commun. Le dirigeant d'entreprise, leader pop, est donc un leader politique. Un leader humaniste, un leader activiste, un leader qui élargit le champ de vision de son entreprise, un leader qui sort de lui-même, en quelque sorte.

8
Inscrire l'entreprise dans une mission plus grande. Agir pour le bien commun

> « Pour ce qui est de l'avenir, il ne s'agit pas de le prévoir, mais de le rendre possible[1]. »
> ANTOINE DE SAINT-EXUPÉRY, écrivain

Longtemps, les patrons ont décidé de regarder le politique avec dédain. Dans une entreprise, les questions extérieures n'avaient pas lieu d'être et, pis, devaient être laissées le plus loin possible pour ne pas gêner la bonne marche du business. Dans le même temps, les politiques délaissaient le champ de l'entreprise de peur d'être pris dans le tumulte des affaires ou dans les affres d'un possible conflit d'intérêts. Les uns et les autres se regardaient en chien de faïence et espéraient se croiser le

1. Antoine de Saint-Exupéry, *Le Petit Prince, op. cit.*, 1948.

moins possible, ou, en tout cas, faire tranquillement des arrangements dans des lieux feutrés. C'est ainsi que le capitalisme a longtemps fonctionné. C'est ainsi qu'il continue de fonctionner, très souvent.

Toutefois, deux éléments sont venus modifier la donne et obligent, là encore, les leaders d'avenir à modifier leurs comportements, mais aussi et surtout à changer d'état d'esprit sur les sujets que l'entreprise doit ou non adresser. Premier élément : la fin des idéologies. La chute du communisme actant le triomphe du capitalisme occidental, tout en lui laissant le champ libre. Évidemment, il a occupé l'espace. Totalement. Pleinement. Pour le meilleur – hausse globale du niveau de vie mondial, meilleure santé, etc. – et pour le pire – accroissement sans précédent des inégalités et destruction progressive du vivant et de la planète. Démonétisé, le champ politique a perdu peu à peu la confiance des citoyens et a aussi, trop souvent, délaissé le champ de l'action concrète pour celui d'une incantation court-termiste.

Dans ce moment particulier, l'entreprise est devenue une sorte de refuge. D'ailleurs, certains patrons, et notamment Antoine Riboud, fondateur d'Entreprise & Progrès, ont compris avant les autres la façon dont celle-ci pouvait, au-delà de son intérêt économique, porter une vision du monde et surtout agir pour le bien commun. Le second élément qui a changé la donne est l'émergence, du fait de la révolution technologique de l'interpellation citoyenne, de la capacité de la multitude de venir interroger, contester, amender et même critiquer l'action publique comme l'action privée, celle des entreprises justement.

La conjonction de ces deux éléments constitue le ciment d'une nouvelle ère. Cette ère dans laquelle l'entreprise ne peut plus se penser comme une entité à part. Cette ère dans laquelle les dirigeants d'entreprise ont l'obligation de penser leur action dans le monde au prisme de l'empreinte écologique, des attentes des citoyens et aussi de ce qui est bon ou mauvais, dans une forme de nouvelle éthique du leadership. Le double vertige provoqué par l'ampleur considérable de la révolution technologique, qui n'est pas encore achevée, et par les enjeux des questions environnementales rend l'action de l'entreprise comme de ses leaders indispensable et même souhaitable.

D'ailleurs, et heureusement, cela a déjà commencé. La loi PACTE et l'émergence d'une réflexion quasi globale sur les raisons d'être des entreprises est une première pierre dans le changement de paradigme global. Cette effervescence, moquée par certains, autour de la question de la raison d'être des entreprises dit notre besoin collectif de sens. Les entreprises ne sont plus au choix des « producteurs de pneus, ou des sociétés pétrolières », elles deviennent plus que cela. Elles affirment un sens à leur action et surtout inscrivent leur business dans quelque chose de plus grand, de plus important, de plus puissant et de plus rassembleur aussi.

Certainement que d'autres étapes doivent désormais être franchies. Trop souvent, ces raisons d'être sont très larges et se contentent d'être très déclaratives sans pour autant s'accomplir dans des actes. Trop souvent aussi, celles-ci ne sont pas réellement et complètement incarnées par les leaders. Plusieurs choses peuvent être imaginées et mises en place pour donner toujours plus de sens à ces raisons d'être et surtout pour permettre une réinvention profonde du capitalisme. L'Europe sur ce point peut tout à fait être le terrain de jeu adéquat. Celui où les leaders pop émergeront et où un capitalisme européen s'inventera. Ce capitalisme européen sera incarné par de nouveaux leaders et surtout donnera toujours plus de sens à l'action des entreprises. À nos yeux, le leader pop, s'il veut s'inscrire dans cette démarche, doit être le pivot de l'incarnation de cette mission plus grande. Pour cela, il lui appartient d'impulser la réflexion avec ses collaborateurs. Pourquoi ne pas les interroger sur ce qu'ils imaginent comme actions concrètes qui viendraient appuyer la raison d'être de leur firme ?

De même, le leader pop qui prend conscience des bouleversements du monde ne doit pas venir s'ériger en remplacement du politique. Au contraire, ce que le leader pop doit mener est la révolution de l'influence. Au sens où celle-ci ne doit plus se faire à couvert. Au contraire, les interpellations doivent désormais être portées de manière transparente et les intérêts défendus faire l'objet d'un débat démocratique équilibré et franc. Trop longtemps, les patrons et les politiques ont joué le jeu de l'opacité. Dans la besace du leader pop, il y a l'affirmation des convictions, la défense de celles-ci. Au grand jour. Cette nouvelle approche de l'influence viendra encore plus renforcer le lien de confiance qui est en train de se tisser entre les citoyens et l'entreprise. Entre les citoyens et les leaders inspirants.

Jeune chercheur brillant, sémiologue, essayiste, communicant, Raphaël Llorca, qui a étudié tour à tour la « marque Macron » ainsi que « les nouveaux masques de l'extrême droite »[1], s'est également intéressé à la place que l'entreprise était en train d'acquérir dans l'esprit et dans le cœur des Français, et

1. Raphaël Llorca, *La Marque Macron*, La Tour-d'Aigues, l'Aube, 2020 et *Les Nouveaux Masques de l'extrême droite*, La Tour-d'Aigues, l'Aube, 2022.

notamment dans la capacité, voire le devoir, qu'elle aurait désormais de les protéger et surtout de leur apporter plus qu'une simple rémunération, qu'un simple statut social, etc. Ainsi, dans une note pour la Fondation Jean-Jaurès parue en 2020[1], à l'issue du premier confinement, il écrivait :

> « L'émergence de l'Entreprise-providence, si elle venait à concurrencer l'État-providence, change radicalement les perspectives même du politique. »

Difficile de lui donner tort. Difficile aussi de contester le fait que désormais les entreprises, quelles qu'elles soient, sont appelées à voir leur rôle grandir. Dans une étude plus récente réalisée avec le sociologue et politologue Jérôme Fourquet[2], Llorca souligne même que c'est le secteur de la grande distribution qui désormais, de par sa puissance économique et son importance pour les Français, est convoqué pour remplir des missions autrefois dévolues à l'État.

1. Raphaël Llorca, *Le monde d'après: l'entreprise providence* ?, Fondation Jean-Jaurès, 18 mai 2020.
2. Raphaël Llorca et Jérôme Fourquet, *La société du supermarché. Rôle et place de la grande distribution dans la France contemporaine*, Fondation Jean Jaurès, 26 juillet 2022.

« Have a cause, have an impact »

Ce qui apparaît dans cette réflexion pose un enjeu fondamental pour tous les leaders pop. Comment, non pas supplanter, mais s'allier avec l'action publique pour remplir de nouvelles fonctions, modeler sa raison d'être, mais aussi être le moteur de réalisations concrètes.

Souvent, lorsque des étudiants ou de jeunes actifs m'interrogent ou lorsque nous réfléchissons au sein d'Entreprise & Progrès à la façon d'expliquer et de transmettre la nouvelle façon d'être un leader, je réplique souvent la formule suivante : « *Have a cause, have an impact.* » Cette formule qui pourrait apparaître simpliste dit au contraire la nécessaire mise en mouvement des entreprises en tant qu'entités collectives, mais aussi des individus eux-mêmes, qu'ils soient leaders ou non. Choisir une cause. Pour soi. Pour l'entreprise. Pour être au monde en quelque sorte. Choisir une cause puis l'incarner, la défendre, la faire connaître et la penser de façon complète. Choisir une cause pour donner du sens. À sa vie. À son job. À la vie dans son job. Tout un tas de bonnes raisons sont là pour que chacune et chacun embrasse ce mouvement de mise en marche d'une action qui va au-delà de nous-mêmes.

Mais, évidemment, il ne suffit pas d'avoir une cause (ou une raison d'être) pour l'incarner réellement. Il convient d'accompagner cela d'actions concrètes et tangibles qui ont une prise directe sur le réel. Souvent, le bât blesse sur ce point-là. Les entreprises comme les leaders défendent des valeurs, des causes, des idéaux même pour certains, mais ils ne polissent pas toujours la deuxième pierre. Celle qui consiste à donner du temps et/ou de l'argent et à être l'un des fers de lance de la cause choisie. Tout se passe comme si nous croyions en la septième fonction du langage imaginée par Laurent Binet dans un roman[1] qui, en résumé, rend possible l'adage auquel nous rêvons tous selon lequel dire c'est faire.

Dire n'est malheureusement pas faire et l'un des défis du leader pop sera de devenir le manager des actes. De les imaginer, de les faire entrer dans une logique globale et de les raconter aussi au monde.

Cette réflexion globale que les leaders pop impulseront dans leurs entreprises et dans leurs actions demain charrie avec elle le nécessaire besoin de réinvention de notre façon collective de faire de l'économie et d'envisager la place de celle-ci dans nos vies. La ministre Olivia Grégoire dans un livre intitulé *Et après ? Pour un capitalisme citoyen*, paru en 2021, formule des propositions intéressantes, notamment sur la façon dont nous devons

1. Laurent Binet, *La Septième Fonction du langage*, Paris, Grasset, 2015.

réécrire et amender les règles, afin de pouvoir refaire société. Elle imagine notamment une société de consommation qui deviendrait une société de responsabilisation, où tous et chacun contribueraient au mouvement vers une modification, et donc une amélioration de notre être au monde. Chacun a une part à prendre dans cette réinvention : citoyen, leaders d'entreprise et politiques. Chacun prendra sa place à son niveau et en fonction de ce qu'il peut faire. Dans cette réinvention, les forces vives, l'agilité, la créativité qui peuvent émaner d'un collectif d'entreprise animé avec intelligence, vigueur et inventivité par un leader pop charrie avec lui une puissance réelle et une efficacité sans faille.

Ce qui va se jouer dans les prochaines années, notamment pour les entreprises hexagonales et européennes, est la faculté à faire voir le « monde d'après ». Il est là. Il convient que les entreprises, les États et aussi les dirigeants d'entreprise se mettent en capacité de le montrer. Pour le montrer, il faut s'y engager. Non pas par obligation, mais avec l'optimisme de la volonté et la conviction profonde qu'il vaut mieux être acteur de l'évolution que de la subir. La bonne nouvelle étant que celle-ci oblige les leaders à muter et à faire montre de nouvelles qualités. Des qualités que nous avions parfois délaissées ou jugées peu compatibles avec l'idée même de leadership. Le devoir des dirigeants, qu'ils soient politiques ou capitaines d'industrie ou de service, n'est plus de prédire ou de prévoir l'avenir, mais au contraire de le rendre possible et tangible. Des paroles aux actes en quelque sorte. L'urgence climatique est là, la révolution technologique également, elles attendent les leaders pop.

9
Le leadership est une rencontre égalitaire

> « Toute vie véritable est rencontre[1]. »
> MARTIN BUBER, philosophe allemand

« Un chef c'est fait pour cheffer », disait le président Jacques Chirac. À son époque, non seulement la maxime était en grande partie vraie, mais en plus elle faisait sourire. Problème : l'entendre encore et toujours lors de réunions clients, de dîners avec des amis ou encore dans les médias en 2022 confine au mieux à la nostalgie, au pire à un passéisme hors du temps, qui n'a qu'un seul objectif, celui que rien n'évolue jamais.

Tout au long de cet ouvrage, au regard d'expériences vécues, d'analyse du contexte, j'ai tenté de brosser les contours du rôle nouveau,

---

1. Martin Buber, *Je et tu*, Paris, Aubier-Montaigne, 2012 [1923].

souhaitable et même indispensable que les leaders – devenus – pop doivent assumer dans les années à venir. Peut-être que la dernière pierre à l'édifice nouveau qu'il faut construire s'inscrit dans une approche à la fois politique, au sens le plus noble du terme, et individuelle de la notion même de leadership.

Alors qu'il convient à la fois de comprendre à nouveau le monde en étant plus populaire, au sens de la capacité à se réapproprier les signaux faibles, ou du moins les grandes respirations que le monde apporte, et qu'il convient aussi d'être le facilitateur de l'ouverture des portes de l'entreprise tant à l'intuition créative qu'aux parties prenantes et aux atypiques, il appartient aux leaders de se penser en politique, en ce sens qu'ils doivent voir plus loin et qu'ils sont aussi tenus de modifier leurs comportements.

Apprivoiser

Dans cette approche nouvelle, peut-être qu'ils/que nous trouverons des clés dans la considération du leadership non pas comme une relation de subordination, mais plutôt comme une relation de séduction égalitaire entre un leader et ses collaborateurs. Les uns et les autres étant placés sur un pied d'égalité, le leader étant là, un temps, pour présider à la destinée d'un collectif. Présider à la destinée d'un collectif, cela signifie emmener avec soi et non pas imposer ses vues. Dans cette notion d'emmener avec soi, tout ce qui peut caractériser la rencontre entre deux personnes, un professeur et ses élèves, deux amoureux, deux amis, deux relations professionnelles est contenu. Rencontrer l'autre, c'est lui faire une place. C'est aussi accepter de l'emmener pour une aventure. Pour cela, il faut qu'il y consente. Dans cette approche, qui pourrait apparaître étonnante du leader, il y a la fameuse puissance de la douceur déjà évoquée dans ses pages, mais il y a aussi sous-jacente l'idée nouvelle d'un leader qui rencontre réellement ses collaborateurs, au sens où il leur fait une place. Non pas une simple place d'exécutant, mais une place de partenaire.

> « Une rencontre marque parfois aussi la naissance d'un projet. Le monde de l'autre nous intéresse moins que tout ce que nous allons pouvoir construire ensemble. Le signe que la rencontre a lieu est alors l'excitation que ce projet provoque en nous : cette envie d'en découdre, de s'engager sans tarder, la certitude que nous allons faire équipe et ensemble réaliser de grandes choses. Avoir rencontré l'autre nous donne des ailes : nous allons additionner nos talents pour créer un être ensemble qui sera supérieur à la somme des parties ; nous allons prouver que 1+1 = 3 »,

écrit le philosophe Charles Pépin (encore lui) dans son livre *La Rencontre. Une philosophie*[1], dans lequel il explore justement toutes les facettes des rencontres. Amoureuses, amicales, ou professionnelles. Rencontrer réellement l'autre, semble nous dire Pépin, c'est accepter d'être ébranlé par lui ou par elle, c'est, pour un manager, laisser réellement une place à ce qui sera amené et partager dans le projet commun par le collaborateur ou la collaboratrice.

« Si tu m'apprivoises et que je t'apprivoise, alors nous devenons responsables l'un de l'autre », dit le Petit Prince à l'aviateur dans le livre de Saint-Exupéry. Devenir responsable les uns des autres dans une nouvelle relation créée entre les leaders et leurs collaborateurs. Très régulièrement, alors que je conseille des dirigeants, ou que j'échange avec des pairs sur leurs pratiques, il apparaît que, pour certains d'entre eux, le simple fait d'être chef constitue en lui-même une forme de supériorité par rapport aux autres. Dans cette dynamique, forcément, la relation professionnelle qui peut se nouer avec les talents composant l'entreprise est viciée. Se sentir supérieur et accoler ce sentiment avec l'autorité du chef conduit à une forme de domination, au sens premier du terme.

1. Charles Pépin, *La Rencontre. Une philosophie*, Paris, Allary éditions, 2021.

À l'inverse, accepter de se positionner à côté de l'autre, même lorsque l'on est son « responsable », alors cela ouvre le compas de la relation. Cela permet d'enrichir l'écoute mutuelle et surtout de responsabiliser chacun. Certainement que dans la défiance qui peut exister envers une certaine façon de diriger, y a-t-il une posture non exemplaire des dirigeants qui, d'injonctions contradictoires en « faites ce que je dis, ne faites pas ce que je fais », n'assument pas réellement leurs responsabilités.

Assumer ses responsabilités

Être dirigeant, c'est en effet être responsable de soi et en partie des autres. C'est accepter, pour un temps, une charge mentale différente de celle des collaborateurs. Cela ne rend pas le dirigeant supérieur aux autres, cela le rend plus responsable. Dans les discussions que l'on peut avoir, régulièrement, avec les plus jeunes, ce qui ressort de leurs mots est que la valeur d'exemple qui doit être l'un des modes de fonctionnement du dirigeant reste trop souvent négligée. De même, ce qui semble les agacer, pour ne pas dire les décevoir est la façon dont les dirigeants ne s'appliquent pas à eux-mêmes les principes qu'ils défendent ou les actes qu'ils exigent des autres.

Assumer ses responsabilités, c'est accepter aussi le questionnement, la remise en question, voire la contestation, d'une direction, d'une idée ou d'un choix. Assumer ses responsabilités consiste donc à éviter de dire « c'est comme ça et ce n'est pas autrement ». L'idée ici, chacun l'aura bien compris, n'est pas de détricoter la capacité du chef à décider, mais, au contraire, de faire en sorte que demain, les « chefs » ne soient pas faits pour « cheffer », mais plutôt pour inspirer.

Lors d'une rencontre récente avec ce client DGA d'une grande firme bancaire et alors que la discussion s'attardait sur son parcours depuis le guichet jusqu'au ComEx sans disposer des diplômes requis et qu'il côtoie quotidiennement des énarques, des X Mines, ou que sais-je encore, et que je l'interrogeais sur le fait de savoir s'il se sentait toujours à sa place, il me répliqua très simplement :

> « Marion, vous savez j'ai deux atouts qui me différencient de ceux des autres et me placent dans une égalité avec eux. J'assume mes responsabilités de façon caricaturale parfois, parce que je considère que c'est l'essence même de ce que diriger veut dire. J'ajoute à cela pour balancer le QI important de mes interlocuteurs un quotient émotionnel (QE) qui m'a toujours sauvé de situations embarrassantes. »

Ainsi, un DGA osait utiliser ses émotions et les revendiquer pour expliquer la capacité qu'il avait eue de devenir qui il était.

Pour emmener avec soi et pour inspirer et non plus cheffer cette dimension est cruciale.

Souvent, cette question des émotions et de l'intelligence émotionnelle apparaît comme une lubie et comme quelque chose de secondaire par rapport aux qualités attendues du chef. Pourtant, loin d'être une lubie, il constitue aussi un champ de recherche sur la façon dont fonctionne le cerveau humain. C'est à l'aube du XXe siècle que les deux psychologues américains Peter Salovey et John Mayer théorisent pour la première fois le concept de l'intelligence émotionnelle, le définissant comme « une forme d'intelligence qui suppose la capacité à contrôler ses sentiments et émotions. »

Mais le concept même de QE, lui, sera popularisé par le psychologue Daniel Goleman, qui poursuit alors les recherches de ses deux prédécesseurs, dont il publie les résultats en 1995 dans un ouvrage intitulé *Emotional Intelligence*[1]. Il démontre notamment que les grands dirigeants d'entreprise ne sont pas forcément dotés de facultés cognitives supérieures à la moyenne, mais possèdent, en revanche, une intelligence émotionnelle plus développée. Pour parvenir à évaluer cette forme d'intelligence particulière, différents tests psychométriques ont alors été mis en place donnant naissance au fameux « QE ».

1. Peter Salovey et John D. Mayer, « Emotional intelligence », *Imagination, Cognition and Personality*, vol. 9, n° 3, mars 1990.

Refuser cette dimension émotionnelle pour définir les contours de ce que sera le leadership demain constitue une erreur, tant celle-ci est l'une des clés de ce qui peut conduire à la mutation d'un leadership toujours tourné vers l'affrontement à un leadership plus humaniste, soucieux de l'autre et soucieux du monde, qui est l'une des données de la façon dont nous dirigeons. Le sociologue Philippe Braud dans son livre *L'Émotion en politique*[1] avait d'ailleurs bien démontré comment ce non-pensé de la science politique moderne engendrait une forme de connaissance faussée des ressorts qui permettaient à tel ou tel leader d'emporter plus qu'un autre l'adhésion.

À force de s'ériger en chefs omniscients ou en hyperchef, nous en avons oublié la dimension émotionnelle. C'est pourtant celle-ci qui donne envie de partager une aventure, c'est pourtant celle-ci qui engage les collaborateurs, c'est pourtant celle-ci qui donne un supplément d'âme à ce qui fait que nous entreprenons ensemble.

---

1. Philippe Braud, *L'Émotion en politique*, Paris, Presses de Science Po, 1996.

Conclusion

Dans le monde qui est en train d'advenir devant nous, qu'est-ce qu'être un leader ? Peut-être est-ce cette question, qui me fut posée durant le premier confinement, alors que chacune et chacun tentait de réfléchir au « monde d'après », qui a déclenché le processus de réflexion autour du leadership développé dans cet ouvrage.

Alors qu'il est temps de suspendre pour un temps la réflexion afin qu'elle entre en discussion avec ce que chaque lecteur et chaque lectrice pourra y apporter, une dernière intuition affleure.

Et si le leader pop, qui invente, crée, laisse la place aux autres, propose un nouveau dialogue avec les parties prenantes et ambitionne de se remettre au cœur du réacteur de la machine entrepreneuriale, était en fait un leader résonnant avec le monde et dans le monde ? Alors que cette intuition affleurait, le hasard, ou plutôt la sérendipité de la vie, a mis sur mon chemin l'ouvrage du confrère communiquant

Nicolas Vanbremeersch, fondateur de l'agence Spintank, intitulé *Résonner*[1]. Dans cet essai, Nicolas Vanbremeersch explore la façon dont les marques empruntent des chemins divers et variés pour rester compétitives et désirables avec les soubresauts du monde. Il analyse les tentatives de création de raison d'être avec leurs limites et ouvre aussi un champ de discussion quant à l'avenir des marques. Il s'appuie notamment sur la façon dont le philosophe Hartmut Rosa[2], après avoir longtemps étudié l'accélération de nos sociétés et le décentrement que cela faisait peser sur tout un chacun, a théorisé et a donné du corps à l'idée de résonance avec le monde pour pouvoir, justement, s'extraire de l'immédiateté et de l'accélération frénétique.

> « Son idée, d'un "axe de résonance", est alors simple : il s'agit que le sujet et le monde soient capables de se faire sonner mutuellement, que le sujet parvienne à faire réagir le monde favorablement, et réciproquement. L'idée centrale du livre est bien que chaque sujet cherche à faire l'expérience d'une résonance particulière dans le monde. Cette relation est individuelle, entre individus, et collective : on aime, dans les mouvements collectifs, faire bouger quelque chose ensemble, agir sur le monde.

1. Nicolas Vanbremeersch, *Résonner*, Paris, Cent Mille Milliards, 2022.
2. Hartmut Rosa, *Résonance*, Paris, La Découverte, 2018.

> Selon Rosa, la résonance est une forme de relation au monde, qui associe affection et émotion, intérêts propres et un sentiment d'efficacité personnelle, dans laquelle le sujet et le monde se touchent, et se transforment mutuellement »,

écrit ainsi Nicolas Vanbremeersch en appliquant le concept de Rosa.

En somme, ce dont il s'agit dans la réflexion des marques, mais aussi et surtout dans celle des leaders pop est de trouver le ton juste pour résonner. Résonner d'abord avec soi-même et avec ce qui permet de se mettre en mouvement. Résonner ensuite dans la façon d'échanger et de transmettre aux équipes et aux parties prenantes avec lesquelles le leader pop travaille au quotidien. Résonner, enfin, pour donner une empreinte à ce pourquoi le leader pop a choisi de se battre. Cela pour avoir un point de vue sur le monde, pour proposer de faire quelque chose ensemble et dessiner une ambition. Populaire, ouverte et politique, en somme.

Dans cette sérendipité, il y a la recherche de sens que chacun exprime à sa manière. Il y a, aussi, le retour au départ de notre réflexion. Comment individuellement et collectivement, en tant que dirigeant, est-il possible de renouer le dialogue avec le monde et s'inscrire dans une révolution globale afin de ne pas la subir. Ce livre est l'histoire d'une renaissance, disions-nous. Renaissance personnelle, mais aussi volonté d'une renaissance collective, qui serait guidée par l'esprit pop. Cette fameuse musique pop, qui, justement, est pleinement en prise avec le monde, s'abreuvant de lui avant de le façonner autrement.

Cette musique pop, qui constitue aussi un socle commun. Comme pourrait constituer un socle commun au sein de l'entreprise une nouvelle façon de diriger. Au centre, plus qu'au-dessus. À côté plutôt que surplombant. Ensemble, plutôt que seul avec les autres derrière soi.

Au-delà de son sens premier, qui a trait avec la capacité d'un objet à produire un son, le mot « résonance » signifie aussi « ce qui fait vibrer le cœur et l'esprit ». Faire vibrer l'esprit et le cœur. Quelle plus belle mission pour des leaders demain ?

Faire vibrer l'esprit en fixant un horizon. Faire vibrer l'esprit en montrant l'exemple, faire vibrer l'esprit en étant capable de surprendre et d'imaginer des choses inattendues. Faire vibrer l'esprit en permettant l'implication de tous et toutes dans le même projet, avec l'ambition que chacun y contribue et apporte une pierre. Faire vibrer l'esprit en considérant son entreprise comme un cerveau collectif plutôt que comme un centre d'exécution de décisions et de respect de procédures. Faire vibrer l'esprit, enfin, en inscrivant son action dans quelque chose de plus grand, de plus important, de plus transcendant. Pour soi, en acceptant sa propre spiritualité, mais aussi pour le collectif entrepreneurial.

Faire vibrer le cœur aussi en accueillant l'autre, en lui laissant une place réelle, en lui permettant de prendre sa place parmi le collectif. Faire vibrer le cœur en gouvernant autant avec ses émotions qu'avec son esprit, faire vibrer le cœur en s'ouvrant à la différence tout en conservant l'universel. Faire vibrer le cœur en créant une relation réelle, forte, égalitaire et réciproque avec les collaborateurs.

Faire vibrer le cœur, enfin, en insufflant un supplément d'âme au simple fait de travailler. Supplément d'âme, qui donne une cause à l'action.

Dans cette mue qui est en cours et qu'il nous appartient de prendre, nous, leaders pop d'aujourd'hui et de demain, afin de rendre le monde plus vivable, nous accueillons la joie sous-jacente. La joie de contribuer à son niveau à la mise en mouvement d'un nouveau monde.

Leaders pop résonnants donc. Leaders pop raisonnant aussi, puisque cette raison qui les guide les conduit à changer pour changer le monde. Changer de posture, changer d'état d'esprit et changer d'indicateurs de performance. Avec la raison et la résonance, le leader pop sera, à n'en pas douter, l'acteur de la construction du fameux « monde d'après ». Qui est en fait le monde de maintenant. Une forme d'urgence est là. Les leaders pop le savent et ils sont prêts.

« *Pop runs the world* », dit l'adage musical. Il est temps.

Remerciements

Ma plus grande gratitude revient à mes clients tout au long de ces années qui par leurs questions, leurs doutes, leurs défis m'ont permis de grandir.

Elle va aussi vers mes collaborateurs, aujourd'hui chez The Arcane, mais aussi hier chez Elan puis chez Elan-Edelman qui par leur exigence m'ont obligée à chercher à toujours m'améliorer.

Elle va plus particulièrement vers Benoît Mathieu, sparring-partner intellectuel depuis tant d'années sans qui rien ne serait possible et qui a apporté toute son intelligence dans la réflexion sur ce livre.

Merci enfin à David Medioni, journaliste, qui m'a aidée à mettre ma pensée en musique.

Table des matières

Pour limiter l'empreinte environnementale
de leurs livres, les éditions de l'Aube
font le choix de papiers issus de forêts durablement
gérées et de sources contrôlées.

Achevé d'imprimer en janvier 2023
sur les presses de l'imprimerie Firmin-Didot
pour le compte des éditions de l'Aube
331, rue Amédée-Giniès, F-84240 La Tour d'Aigues

Numéro d'édition : 5187
Dépôt légal: janvier 2023
Numéro d'impression: 173827

Imprimé en France